놀라지 말아요,
브라질이니까

발행일 2020년 6월 15일
지은이 안소은 | **펴낸이** 김민희, 김준영
편집 김민희, 김준영 | **교정** 백도라지
디자인 이유진 | **영업** 김영란
펴낸곳 두사람 | **등록** 2016년 2월 1일 제2016-000031호
팩스 02-6442-1718 | **메일** twopeople1718@gmail.com
ISBN 979-11-90061-19-3(03950)

두사람은 여행서 전문가가 만드는 여행 출판사, 여행 콘텐츠 그룹입니다.
독자들을 위한 쉽고 친절한 여행서, 클라이언트를 위한 맞춤 여행 콘텐츠와 서비스를 제공합니다.
Published by TWOPEOPLE, Inc. Printed in Korea

이 도서의 국립중앙도서관 출판예정도서목록(CIP)은 서지정보유통지원시스템 홈페이지
(http://seoji.nl.go.kr)와 국가자료종합목록 구축시스템(http://kolis-net.nl.go.kr)에서
이용하실 수 있습니다. (CIP제어번호: CIP2020022066)

놀라지 말아요,
브라질이니까

브라질로부터 받은 초대

안소은 지음

두사람

목차

Chapter 3. 여행자의 브라질리아 라이프

Chapter 4. 생활자의 추천 여행지

Prologue.

브라질로부터 받은 초대

평소와 다를 것 없는 근무 시간이었다. 일에 집중하지 못하고 다가오는 크리스마스 분위기에 들떠 있던 12월의 어느 오후, 남편에게서 브라질에서의 해외 근무가 결정 났다는 이야기를 들었다. 그 멀고도 생소한 브라질이라니, 나는 꽤 당황했었던 것 같다. 그동안 흘려들었던 브라질에 대한 이야기는 더 이상 남 일이 아니었다. 그렇게 미지의 땅 브라질은 어느 날 내게 불현듯 찾아왔다.

브라질은 세계에서 다섯 번째로 큰 광활한 땅을 갖고 있다. 그 넓은 영토에는 다양한 인종과 문화, 기후, 자연 그리고 자원까지 고루 포진되어 있다. 하지만 남미를 여행하는 이들에게 브라질은 우선순위에 드는 곳이 아니다. 진입 장벽이 높기 때문이다. 먼저, 스페인어를 쓰는 주변 국가들과는 달리 홀로 포르투갈어를 사용한다. 때문에 스페인어에 익숙해진 남미 여행자들은 브라질을 은연중에 건너뛴다. 뿐만 아니라 브라질은 거대한 남미 대륙의 절반을 차지한다. 땅덩어리가 워낙 커서 브라질을 여행하려면 많은 시간과 돈을 투자해야 한다. 악명이 자자한 브라질의 치안도 무시할 수 없다. 대부분의 사람들은 브라질의 치안 수준에 대해 어떤 형태로든 한 번쯤 들어본 적이 있을 것이다.

그런 브라질이 갑작스레 나를 초대했다. 생소하여 두렵기도 했으나, 막상 가서 실제로 본 브라질은 여러 문화와 자연이 공존하며 다채롭게 빛나고 있었다. 새파란 하늘 아래 뜨거운 태양 빛을 받고 사는 사람들은 시도 때도 없이 엄지손가락을 치켜세웠으며 따봉을 외쳤다. 나는 삼바로 다져진 그들의 흥에 함께 신났고, 잔잔한 보사노바를 들으며 카이피리냐를 한 잔 마실 수 있는 여유를 가질 수도 있었다. 수많은 진입 장벽을 넘고서라도 보아야 하는 브라질만의 매력이 있었다.

낯선 곳을 찾는 이유는 사람마다 다르다. 새로운 문화를 체험하고 싶어서일 수도 있고 놀라운 자연 경관을 보고 싶어서일 수도 있다. 나는 자극이 필요했다. 여행지에서 새로운 것을 보고 겪은 후에 오는 신선한 감동은 언제나 놀라웠다. 그 놀라운 감동 덕분에 생각은 더 커졌고, 나는 다시 꿈을 꾸게 되었다. 오색 빛으로 빛나는 브라질에서의 경험은 늘 새로웠고, 더욱 특별했다. 브라질은 내게 봄을 선물해주었고 그 봄 속에서 다시 꿈꿀 기회를 얻었다. 브라질에서 나는 계속 청춘이었다.

브라질에서의 2년이라는 선물 같은 시간을 보내면서, 나는 동화작가라는 내 어렸을 적 꿈을 기억해냈고, 지금도 여전히 글을 쓰고 싶어 한다는 것을 깨달았다. 그리고 어린이들에게 꿈과 희망을 주는 동화 대신 나처럼 새로운 경험을 갈망하는 모든 이들을 위해 환상의 나라 브라질에 대해 쓰기로 했다.

그렇게 내가 브라질에서 여행하듯 생활한 시간과 생활하며 여행한 시간의 기록을 적었다. 그 기록이 책으로 출간될 수 있도록 도와주신 모든 분들께 감사 인사를 전하고 싶다. 언제나 딸을 믿어주는 부모님을 비롯하여 수많은 보물들 중 내 글을 알아봐 준 출판사 두사람, 해외 생활을 무사히 마치고 돌아오도록 바라준 소중한 지인들과 낯선 곳에 쉽게 적응할 수 있도록 도와준 브라질에서 사귄 인연들, 모두 감사드린다. 그리고 무엇보다 이번 여행의 계기를 만들어 준 내 인생의 든든한 동반자, 남편에게 고마운 마음을 전한다.

2020년 6월

안소은

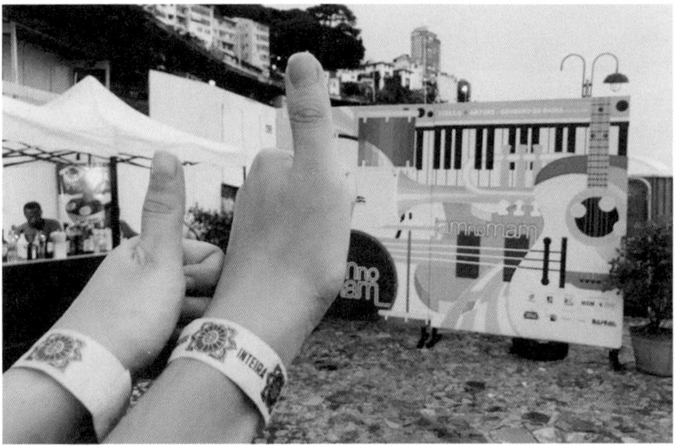
INTEIRA

Chapter 1.

Into The Unknown

위험 기피자의 모험

목적지에 가까워질수록 그 나라 사람들의 말소리가 점점 커지는 것을 느낀다. 브라질리아(Brasília)로 향하는 서른 시간의 여정. 그동안 두 번의 환승을 거쳤고 많은 것들이 바뀌었다. 인천공항에서 비행기를 같이 탔던 사람들은 환승지에서 설레는 표정으로 사라졌고, 새로운 얼굴들이 찬바람을 몰고 합류했다. 두 번째 환승지인 마이애미에 도착하자 어느새 들려오는 말소리도 생소했다. 언어의 리듬과 발음 그리고 말하는 사람들의 제스처까지 모든 것이 새로웠다. 소리가 낯설어질수록 잘 모르는 환경으로 가고 있다는 사실이 점점 실감 났다.

남편이 브라질에서 해외 근무를 하게 되었다고 말하기 전까지 나는 내가 브라질에서 살게 될 거라고는 꿈에도 생각지 못했다. 지구 반대편에 위치한 곳이자 환경도, 언어도 모든 것이 새로운 곳이었다. 많은 것들을 새롭게 배워서 그 나라에 적응해야 할 생각을 하니 머리가 아팠다. 지금 내가 무언가를 새로 배우기에는 늦지 않았을까, 걱정도 되었다. 잘 다니는 직장이 있고 같은 업무를 오래 해서 일도 손에 익었는데 굳이 그 생소한 브라질로 가는 모험을 해야 하는지에 대한 고민도 있었다. 아마 회사에서 휴직을 선택할 여지가 없었다면 가지 않았을 것이다. 천만다행으로 내가 다니는 회사에는 해외근무를 하게 된 배우자를 따라 최대 2년간 휴직할 수 있는 규정이 있었고 나는 휴직계를 제출했다.

모험을 선호하는지 기피하는지, 둘 중 하나만 택하라면 30대 중반인 지금의 나는 모험을 기피하는 쪽이다. 반면, 20대 초반의 나는 모험을 좋아하고 위험을 기꺼이 감수하는 사람이었다. 무계획으로 여행 다니는 것을 좋아했으며, 뒷일은 생각 않고 하고 싶은 일은 저질러야 직성이 풀렸다. 스물한 살 때는 모로코 여행 책자 한 권만 들고 정해진 기간이나 루트, 계획조차 없이 모로코 전 지역을 여행하며 마음껏 가고 싶은 곳을 가보았다. 뭣도 모르고 무작정 간 그곳에서 사기도 당했고 위험천만한 일도 여러 번 겪었다. 지금과는 달리 스마트폰이 없던 때라서 내가 국제전화를 하지 않으면 가족들이 나의 신변을 알 수 없었다. 부모님은 내가 급할 때 썼던 신용카드 이용 내역서를 보고 안심했다고 했다. 물론 나중에 모로코에는 연락도 없이 왜 그렇게 오래 있었느냐며 엄청 혼이 났지만 당시에는 큰 실패를 겪어본 적이 없어서, 나는 무엇이든 할 수 있고 어떤 상황이든 해결할 수 있다는 자신감으로 단단히 차 있었다. 대학에도 무난하게 입학했고 스펙을 쌓고자 재학 중에 인턴 생활도 끊임없이 했다. 그 자신감으로 용감하게도 학교를 졸업한 후 고시 준비를 했다. 다들 졸업 후 공백기가 있는 것은 위험하니 휴학하고 공부하라고 했는데도 괜찮다며 자신만만하게 웃어 보였다. 공부는 자신감만으로 되는 것이 아니었다. 결국 내가 그토록 원했던 길은 나에게 열리지 않았다. 그때부터 모험을 선호했던 나의 성향이 조금씩 바뀌었다.

안정적인 삶 이후 찾아 온 것들

몇 번의 실패 끝에 패배를 선언하고 취업 전선으로 뛰어들었다. 기업마다 원하는 인재상과 입사 시험의 종류가 달랐기 때문에 밤새 이력서를 수도 없이 썼고 매번 다른 공부를 했다. 손꼽아 기다리며 받은 결과에서는 어김없이 탈락 문구를 보았다. '취업은 되겠지'라고 생각했었는데, 불합격 통지를 수십 번 받아보니 멘탈을 유지하기가 어려웠다. 서류 탈락 기준은 도무지 알 수가 없었고 내가 당당히 선택했던 졸업 후의 공백 기간은 면접을 보는 내내 나의 발목을 잡았다.

고시생이었을 때보다 더 이상 미래에 대한 선택의 여지가 없고 즉각적으로 눈에 보이는 실패 결과를 끊임없이 받아들여야 하는 이때가 나에게는 진정 지옥이었다. 불합격 통지를 받을 때마다 가슴에는 마구 생채기가 났다. 그 상처를 회복할 새도 없었다. 하루에 두세 번 불합격 통지를 받은 날도 있었다. 연타로 두드려 맞으면 할 수 있는 것이 아무것도 없었다. 특별한 줄 알았던 나는 결국 아무것도 아니었다며 비관만 했다. 어딘가로 도망가고 싶었고 숨고 싶었다. 끔찍했던 날들이었다.

탈락의 나날 속에서, 한 회사에서 합격 통지를 받았다. 당시 내가 면접을 봤던 회사들 중 유일하게 블라인드 면접을 진행하여 내 나이와 공백기에 대해 알지 못했던 회사였다. 드디어 됐다는 생각에 뛸 듯이 기뻤지만 곧이어 나는 더 이상 예전의 내가 아니라는 사실을 깨달았다. 나는 어느새 무모한 도전을 할 수 없는 사람이 되어 있었다. 모험과 그에 따른 실패로 인한 아픔을 두 번 다시 경험하고 싶지 않았다. 이제는 어디 여행을 갈 때면 사전에 철저히 조사하는 것은 물론이고, 모든 계획과 동선을 다 짜고 움직였다. 아무 음식점이나 들어가서 실패하는 것도 싫었다. 많은 이들에게 검증된 맛집인지를 알아본 뒤에야 들어갔다. 내게는 그렇게 위험을 극도로 기피하는 성향이 생겼다. 굵직한 모험 없이 가늘고 길게 안정적으로 사는 것이 삶의 목표가 되었다.

더 이상의 모험이 없는 생활은 나른했다. 매일 똑같은 시간에 출근하여 같은 일을 하고 주말과 휴가만 바라보며 사는 평범한 직장인의 삶은 무료했다. 그럼에도 애써 웃었다. 내가 그렇게도 원했던 직장인의 삶이니까. 세상의 모든 직장인들이 그렇듯 힘들어서 그만두고 싶다가도 버텨냈다. 다시 힘든 모험을 시작하고 싶지 않았으니까. 이것이 진정 내가 원하는 삶인지 생각하고 싶지도 않았다. 깊게 생각하는 순간 이제 겨우 안정을 찾은 내 삶이 흔들릴 것 같았으니까. 그러나 나는 휴식이 필요했다. 원하던 삶이지만 뭔가 부족한 삶이기도 했다. 삶에 위기가 찾아온 것을 모르는 척하는 데도 한계가 왔다. 꽁꽁 싸매두었던 상처를 치유하고 고장 난 내 안의 일부를 찬찬히 들여다볼 시간이 필요했다.

그런 찰나, 어느 날 남편이 브라질로 2년간 가게 되었다고 했다. 그때서야 나에게도 기회가 왔다는 것을 알았다. 낯선 곳으로 가서 모든 것을 새로 배우는 모험을 하는 것이 두렵지만 한편으로는 내가 이런 날들을 절실히 기다리고 있었다는 것을 깨달았다. 새로운 환경에서 휴식을 취하며 다시 무언가에 도전하는 용기가 생겨나기를, 그리하여 삐거덕거리는 내 삶이 고쳐지길 바랐다.

새로운 도전을 위해 브라질로 가는 길

안녕, 따봉국 브라질

30시간을 넘게 날아 드디어 브라질의 수도, 브라질리아에 도착했다. 떠날 때 한국은 평창 동계올림픽이 한창이던 한겨울이었는데, 브라질은 햇볕이 뜨거운 여름이었다. 그렇게 나는 겨울 나라에서 여름 나라로 오게 되었다.

브라질로 들어가는 항공편은 미국을 통하든 유럽이나 중동 혹은 아프리카를 통하든 걸리는 시간이 별 차이가 없다. 지구를 반 바퀴 돌아야 하니 시계 방향이든 반시계 방향이든 크게 상관이 없는 것이다. 브라질은 태어나서 내가 갈 수 있는 가장 머나먼 나라였다. 질릴 때까지 비행기를 타보기는 맹세코 이때가 처음이었다.

브라질에 대해 잘 모르던 시절, 브라질 하면 떠오르는 키워드가 몇 개 있었다. 삼바, 축구, ≪나의 라임오렌지나무≫ 그리고 따봉이다. 이상하게도 "따봉"이라는 말을 들으면 당연하다는 듯 엄지손가락을 척 들어올리는 제스처가 떠오른다. 오래전

델몬트 오렌지 주스 광고에서 나온 "브라질에서는 좋은 오렌지를 보면 하는 말이 있습니다, 따봉!" 이라며 엄지를 척 들어올리는 장면 덕에 따봉과 엄지 제스처가 세트로 유명해진 탓이다. 그래서인지 우리는 엄지를 들어 올리는 모습을 따봉이라고 생각한다. 사진 찍을 때도 누군가 "따봉 할까?"라고 제안하면 모두가 약속이라도 한 듯 자연스럽게 엄지를 척 내민다.

하지만 브라질에 가서 보니 엄지를 들어올린 모습을 따봉이라고 하지 않았다. 뜻도 다르다. 한국에서 따봉은 최고라는 의미로 쓰이나, 실제로 따봉에 최고라는 뜻은 없다. 따봉은 포르투갈어의 이스타 봉(Está bom)을 줄인 말이다. '알았어', '좋아', '괜찮아' 정도의 뜻이며, '오케이'와 비슷한 상황에서 쓴다.

엄지 척 제스처는 우리에게 익숙한 '좋아', '최고야'라는 뜻은 물론, '알았어'나 '고마워' 혹은 '천만에'를 말하고 싶을 때 쓴다. 내가 브라질에 도착해 입국 심사를 하면서부터 본 것이 바로 이 엄지 척 제스처다. 엄지는 정말 브라질의 모든 사람들이 본능처럼 내민다. 이곳에서는 엄지손가락을 드는 제스처 하나만으로 굉장히 많은 뜻을 전달할 수 있다. '감사하다'는 의미로 엄지를 척 들어올리면 도움을 준 사람도 '천만에'라는 뜻으로 같이 엄지를 들어준다. 뿐만 아니라, 운전을 하며 끼어들기를 할 때 운전자는 창문 밖으로 엄지를 들어 양해를 구하는데, 역시 양보해줘서 감사하다는 의미도 있다. 그러면 상대방 또한 괜찮다는 의미로 함께 엄지를 든다.

이런 따봉국 브라질 땅에 드디어 도착했다. 여권을 들고 입국 심사를 받던 중 출입국관리소 직원은 우리에게 브라질에 온 목적을 물었다. 남편은 브라질에 일하러 왔다고 대답했다. 여권 등을 열심히 살펴보던 심사 직원은 입국 도장을 쾅 찍은 후 눈을 마주치고 엄지를 척 내밀었다. "웰컴 투 브라질"이라는 말과 함께.

30시간 비행 후 도착한 브라질리아 국제공항

고양이 두 마리와 함께 한 브라질 거주신고

브라질에서 처음 한 도전은 새로 살 집 구하기였다. 고양이 두 마리와 함께 살 집을 구하는 것은 한국에서나 해외에서나 녹록치 않다. 이주를 도와주던 브라질 지인은 우리에게 한국에서 고양이를 데려오지 않는 게 어떻겠느냐고 했다. 반려동물을 한국에서 브라질까지 데려오는 일도 만만치 않지만 브라질에서 다시 한국으로 데려가는 일이 생각보다 복잡하고 힘들다고 했다. 하지만 우리는 그 과정을 모두 감수하기로 하고 기꺼이 고양이들과 함께 브라질로 향했다.

다행히 브라질은 동물 입국 규정이 까다롭지 않아 고양이들은 광견병을 비롯한 필수 예방접종만 맞으면 되었다. 브라질에서 동물 입국 시 요구하는 영문 건강증명서와 한국 농림축산검역본부의 증명서는 수월하게 발급받았다. 문제는 이동이었다. 사람도 힘든 장거리 비행을 고양이들이 과연 버틸지 의문이었다. 브라질리아까지 최소 경유지 두 곳에서 다른 항공사의 비행기로 갈아타야 하는데, 경험도 없는 내가 고양이들을 데려가다가 혹여나 잘못될까 겁도 났다. 할 수 없이 비싸지만 확실한 전문 에이전시에 맡기기로 했다.

하지만 고양이들과 함께 살 집을 구하고 에이전시에 부탁했던 고양이들이 무사히 도착하기가 무섭게 역대 급 사고가 발생했다. 당시 네 살이었던 큰 고양이 천일이가 6층 아파트 창문에서 추락한 것이다. 우리가 구한 집에는 방충망이 없었다. 이곳의 집들은 대부분 방충망이 없어서 그러려니 했던 것이 문제의 발단이었다. 물론 창문을 열어놔도 높이가 제법 되니 아이들이 집에만 있을 것이라고 순진하게 방심한 내 탓도 있었다.

평일 오전 8시 20분, "쿵" 소리와 함께 내 마음도 바닥을 쳤다. 설마 하는 마음으로 급하게 고양이가 앉아 있던 창가를 바라보았으나 거기에는 아무것도 없었다. 허둥지둥 눈으로 천일이를 쫓았다. 창문 아래를 내려다보니 천일이가 주차되어 있던 차 위에 떨어져 있었다. 동시에 인터폰이 울렸고 경비 아저씨가 떨어진 고양이 얘기를 했다. 급하게 아래로 내려가서 보니 천만다행으로 고양이는 무사했으나, 차 한 대가 박살이 나 있었다. 놀랐는지 고양이는 차 밑에 숨어 목 놓아 울고 있었고, 시끌벅적한 소리를 듣고 동네 주민들은 무슨 일인지 궁금해하며 모두 밖으로 나와 우리를 구경하고 있었다. 9킬로그램짜리 고양이가 6층에서부터 떨어지면서 살겠다고 있는 힘껏 착지했는지 차의 천장은 깊이 찌그러져 주저앉았고 차 앞 유리는 온통 금이 가 있었다. 차주는 고양이가 차 위로 떨어져 출근이 늦어진다고 상사에게 전화하니 믿지 않았다고 웃으며 이야기했다. 계속 죄송하다고 말하는 내게 파비아나라는 이름의 차주는 세상에 이런 일도 다 있다며 차 이야기는 나중에 하고 고양이 먼저 병원에 데려가라고 했다. 우리 때문에 새 차도 망가지고 출근도 늦어졌는데 고양이 먼저 챙겨주는 상냥한 마음씨에 감동을 받았다.

동물 병원에서는 놀랍게도 고양이가 아무 이상이 없다고 했다. 천만다행이었다. 영어를 할 줄 아는 수의사는 그래도 고양이가 진짜 별 이상이 없는지 하루 동안 관찰해야 한다며 입원시키라고 했고, 우리는 다음날 찾으러 오기로 하고 고양이를 병원에 맡겼다.

어마어마하고 시끌벅적했던 거주신고

오후에 찾아간 차 정비센터에서는 어마어마한 금액을 불렀다. 수리 기간도 한 달이나 걸린다고 하여 그동안 차주가 타고 다닐 차량 렌트비도 지원해줘야 했다. 피눈물이 났지만 떨어질 당시 차 안에 사람이 없었고 고양이가 다치지 않은 게 어디냐며 위안을 삼았다. 이렇게 고양이 낙하 사건이 끝난 줄 알았다.

다음날 아침 고양이가 너무 운다고 언제 찾으러 올 거냐는 수의사의 전화에 오후에 간다고 대답하고선 맡겨둔 고양이를 찾으러 동물 병원에 갔을 때였다. 24시간 동안 관찰한 결과 아무 이상이 없다는 말에 고맙다고 하고, 병원비를 치르러 카운터로 갔다. 하지만 청구서를 보니 지불해야 할 금액이 하루 맡겨둔 것 치고는 너무 과했다. 비용 청구서에는 잘 모르는 포르투갈어로 무언가 잔뜩 쓰여 있었다. 설명해달라고 하니 고양이에게 초음파검사를 했단다.

그러고 보니 고양이의 배 쪽 하얀 털이 모두 밀려, 핑크빛 배가 수줍게 드러나 있었다. 수의사는 초음파검사가 필요해서 했다고 말했다. 왜 사전에 초음파검사를 한다고 말하지 않았는지, 내 전화번호도 알고 있었고 아침에 통화도 했는데 왜 그때도 말하지 않았는지, 심지어 만나서 아무 이상이 없다고 말할 때조차 검사를 했다는 얘기를 왜 안 했는지 물었다. 하지만 동물병원에서는 검사가 필요해서 했다는데 무슨 설명이 더 필요하냐며 화를 냈다. 병원이 적반하장으로 나오자 어이가 없었다. 이게 브라질 스타일인 건지, 아니면 이 병원이 이상한 건지 알 수 없었다. 관찰만 하겠다고 해놓고 말도 없이 초음파검사를 하다니, 내 고양이를 검사하는 것에 대해 내게 사전에 말려줬어야 했다고 말하는 내가 비정상적인 건지 헷갈렸다.

집에 돌아와서는 바로 사람을 불러 창가에 추락 방지 장치를 달았다. 낯선 나라에 도착하자마자 고양이 추락 사건이라니, 두 번 다시 겪고 싶지 않았다. 이번 사건으로 나는 상냥하게 걱정해주는 동네 주민들과 외국인을 '호갱'으로 본 병원 관계자들을 만났다. 브라질의 다른 두 얼굴을 한꺼번에 본 느낌이었다.

정말이지 시끌벅적한 거주신고였다. 우리 집 고양이는 6층에서 뛰어내리며 화려하게 존재감을 드러냈고, 덕분에 아파트 주민 모두가 나와 남편 그리고 우리가 키우는 고양이 얼굴을 알게 되었다.

시끌벅적한 거주신고 후 생긴 창문 안전망

모든 것을 새로 배우다

어학원에 다니기로 결심했다. 레스토랑에서 "워터, 플리즈"를 아무리 외쳐도 알아듣지 못하는 웨이터를 보고 든 생각이었다. 기초 영어도 통하지 않는 이곳에서 살려면 내가 이들에게 맞춰야 한다는 것을 깨달았다.

새로운 언어 배우기는 예전에 끝난 일인 줄 알았는데, 이제와 나는 알파벳부터 모두 새롭게 배워야 했다. 찾아간 어학원의 포르투갈어 왕초급반에는 외국인 대학생들이 대부분이었다. 그 사이에서 "안녕하세요?", "감사합니다"를 배우자니 조금 부끄러웠다. 동시에 무언가를 새로 처음부터 배우는 것이 오랜만이라 설레기도 했다. 풋풋했던 학생 때로 다시 돌아간 기분이었다.

장을 보러 슈퍼에 갔다. 생전 처음 보는 과일들이 진열되어 있었다. 아마존같이 열대우림 지역에서만 나는 과일들이란다. 옆에는 망고가 있었는데 '팔메르', '토미', '켄트' 등등 종류가 많았다. 수많은 선택지 앞에서 망설이다 토미라는 이름의 망고를 샀다. 그 망고에는 섬유질이 가득하여 씨앗이 노란 실로 빽빽하게 엮여 있는 듯했다. 그래서인지 조금 질긴 감도 있었다. 팔메르 망고는 한국에서 먹던 익숙한 망고 맛이고, 켄트 망고는 섬유질이 훨씬 적고 더 달다. 슈퍼에서 나는 망고 종류가 이렇게나 많고 맛도 다 다르다는 걸 처음 알았다. 이뿐만이 아니다. 아보카도라는 이름표를 달고 있는 과일이 있는데, 이것이 정녕 내가 알고 있는 그 아보카도인지 헷갈렸다. 거짓말 안 보태고 아보카도가 주먹 세 개 정도 되는 크기였기 때문이다. 아보카도 한 개만 먹어도 느끼함에 질릴 정도다. 어마어마한 크기도 놀라운데 싱싱하고 가격도 저렴하다.

고기가 진열된 쪽으로 이동해도 신기한 광경은 계속 펼쳐진다. 소고기 안심 200그램에 4,000원이란다. 처음에는 내가 환율 계산을 잘못한 줄 알았는데 아무리 계산해봐도 그 가격이 맞았다. 다음에는 부위를 잘못 알았나 싶어 슈퍼에 그려져 있는 소 그림과 부위 명칭을 열심히 대조해보았다. 필레미뇽(Filé Mignon)은 안심이 맞다. 우리와는 너무도 다른 슈퍼의 풍경이다. 이 속에서도 배워야 할 것투성이다. 한국에는 없는 과일의 이름과 맛도 알아야 했고, 육안으로는 구별하기 힘든 고기 부위의 이름을 외워야 했으며, 브라질에는 한식에 쓰는 채

처음에는 낯설었던 브라질의 슈퍼

소가 없으니 비슷한 맛을 내는 채소를 찾아야 했다.

그렇게 나는 브라질에 와서 아이처럼 모든 것을 다시 배웠다. 글을 읽는 것부터 말하는 법 그리고 사람들과 볼을 맞대며 인사하는 방법까지. 물을 주문할 때는 항상 탄산수인지 그냥 생수인지 정확히 구분하여 주문하는 법부터 안전상의 이유로 아파트 현관문을 수위 아저씨가 열어줄 때까지 기다리는 것까지. 마치 다시 태어난 듯 모든 것이 새로웠다.

실수해도 사람들은 내가 외국인이라 당연하다는 듯 넘어갔다. 나에게 하는 말을 이해하지 못해 연거푸 물어봐도 미소를 잃지 않고 손짓과 함께 천천히 다시 말해준다. 식당에서 주문하는 법을 몰라 당황해도 주인이 직접 시범을 보이며 가르쳐준다.

그간 나는 지나치게 움츠러들어 있었던 것이 아닐까? 누가 혼내는 것도 아닌데 무언가를 잘해내지 못할까 봐 무서웠고, 모험을 유독 두려워했다. 브라질에 와서 내가 무엇을 해도 사람들이 그러려니 넘어가니, 나는 실수에 점점 관대해졌고 대범해졌다. 잘 못해도 '사람이 그럴 수도 있지'라는 똥배짱이 스멀스멀 생겨났고 어딘가 깊숙이 숨어 있던 자신감도 덩달아 튀어나왔다. 고장 났던 마음속 한쪽 바퀴가 다시 움직이기 시작했다.

Special.

브라질, 세 가지만 기억하자

미국이나 일본처럼 친숙한 국가들에 비해 브라질이라는 나라가 생소할 수 있다. "브라질"하면 떠오르는 건 축구, 삼바뿐일 수도 있다. 심지어 남미 여행을 갔다 온 사람들도 브라질을 잘 모르는 경우가 있다. 브라질은 세 가지만 기억하면 된다. 멀고, 크고, 다양하다.

* 브라질은 멀다

브라질에 가려면 한국에서 약 30시간 정도가 걸린다. 단순 비행시간만 24시간이 넘는다. 처음 브라질에 갈 때는 미국을 거쳐 갔다. 잠시 한국에 일이 있어 나왔을 때는 유럽을 거쳐 가보았고, 돌아올 때는 중동을 거쳤다. 그러나 걸린 시간은 모두 같았다. 심지어 호주를 거쳐도 비슷한 시간이 걸린다고 한다. 브라질은 지구에서 우리나라의 정반대편에 있다. 서울에서 드릴을 파고 지구 정반대편으로 나오면 우루과이 앞바다라고 하는데, 브라질은 우루과이 바로 옆에 있다. 브라질은 동쪽으로는 대서양과, 서편으로는 볼리비아와 페루, 남쪽으로는 아르헨티나, 북쪽으로는 베네수엘라 등 남미 국가들과 접해 있다. 남미 12개 국가 중에 브라질과 국경을 맞대지 않은 국가는 칠레와 에콰도르뿐이다.

* 브라질은 크다

브라질 영토는 남미 대륙의 반을 차지한다. 한반도 면적의 38배다. 내가 살았던 브라질리아는 우리 세종시처럼 균형 발전을 위해 국토의 정중앙에 세워진 도시이다. 브라질리아에서 북쪽 끝 아마존에 위치한 마나우스까지 비행기로 3시간이 걸리는데, 반대로 남쪽 끝 포르투알레그레로 가려고 해도 3시간 정도가 걸린다. 브라질이 미국만큼이나 국내항공 산업이 발달한 이유는 이처럼 큰 영토 때문이다. 브라질 친구 중 한 명은 매년 여름마다 브라질리아에서 고향인 마라냥주로 운전을 해서 가는데 이틀이 걸린다고 한다.

* 브라질은 다양하다.

브라질은 국토가 크고(8,514,876제곱킬로미터, 세계 5위) 인구가 많은 만큼(약 2억 869만 명, 역시 세계 5위) 다양한 나라다. 브라질은 크게 북부, 북동부, 중서부, 동남부 그리고 남부로 구분되는데, 그 안에는 크기만큼이나 다양한 기후와 인종, 문화가 공존한다. 브라질의 계절은 크게 우기(10-3월)와 건기(4-9월)로 나뉘는데, 열대 기후인 북부 아마존 지역에서 온대 기후인 남부 지역으로 갈수록 여름(12-3월)과 겨울(6월-9월)의 구분이 뚜렷해진다.

북부에는 아마존 열대우림이 있다. 전체 아마존의 60퍼센트가 브라질 땅에 있으며, 전 세계에서 가장 다양한 생명체가 서식하고 있다. 우리에게 친숙한 브라질너트와 아사이베리가 자라는 곳도 이곳 북부이다. 이곳은 일년 내내 습하고 덥다. 반면, 온대 지방에 속하는 남부는 유럽과 기후가 같다. 겨울에는 춥고 여름에는 덥다. 이민 온 유럽인들이 이곳에 많이 정착해서 인구 중 백인 비율이 높고 독일 마을, 스위스 마을처럼 이민자 집단 거주 마을이 있다.

우리나라에도 가장 잘 알려진 도시인 상파울루와 리우데자네이루가 있는 남동부 지역은 브라질 전체 GDP의 약 55퍼센트를 차지하고 있으며, 이곳의 인구가 가장 많고 소득과 생활수준도 가장 높다. 우리가 마시는 브라질 커피는 대부분 이곳 남동부에서 재배된다.

브라질 지도를 보면 북동부는 뾰족하게 솟아 있다. 지리적으로 유럽, 아프리카와 가장 가까운 곳이라서 포르투갈인들이 가장 먼저 당도했던 곳이 북동부이기도 하다. 이 지역은 식민 초기에 사탕수수 재배의 중심지였던 곳이다. 당시 정착했던 아프리카 노예의 후손들이 주로 거주하여 이색적인 아프리카 문화를 엿볼 수 있다.
마지막으로 중서부에는 브라질리아와 세계 최대 야생 습지인 판타날이 있다. 북부와 함께 브라질 지역 중에 인구도 적고 개발도 덜 된 지역이지만 최근 빠르게 인구가 유입되고 있다고 한다.

먼 브라질 땅에는 넓은 영토 안에 제각각 다른 기후에서 자란 다양한 인종과 문화권의 사람들이 있다. 어느 한 도시를 가보았다고 하여 브라질을 다 안다고 착각하면 안 된다는 뜻이다. 브라질의 얼굴은 참으로 다양하여 볼수록 새롭다. 만날수록 놀랍다.

브라질 전도

Boa Vista
RORAIMA
Oiapoque
AMAPÁ
Macapa
Belém
마나우스
Careiro
Santarém
Altamira
São Luís
Parnaíba
렝소이스 마라녠세스
Fortaleza
AMAZONAS
Itaituba
PARÁ
MARANHÃO
CEARÁ
Benjamin Constant
Maraba
Carajás
Teresina
Picos
Natal
João Pessoa
Araguaina
Cruzeiro do Sul
Humaitá
PIAUÍ
헤시피
ACRE
Boca do Acre
Pôrto Velho
Cachimbo
Salgueiro
PERNAMBUCO
Rio Branco
Assis Brasil
Guajará-Mirim
Juazeiro
ALAGOAS
Maceió
Palmas
Aracaju
SERGIPE
RONDÔNIA
MATO GROSSO
TOCANTINS
Barreiras
BAHIA
살바도르
GOIÁS
Cuiabá
Ilhéus
Vitória da Conquista
Rondonópolis
브라질리아
DISTRITO FEDERAL
Cáceres
Goiânia
MINAS GERAIS
MATO GROSSO DO SUL
Corumbá
Uberlandia
Belo Horizonte
ESPÍRITO SANTO
Campo Grande
Vitória
Panorama
SÃO PAULO
오루프레투
RIO DE JANEIRO
Ponta Porã
상파울루
리우데자네이루
PARANÁ
Santos
이구아수
Curitiba
São Francisco do Sul
SANTA CATARINA
플로리아노폴리스
RIO GRANDE DO SUL
Pôrto Alegre
Santa Maria
Rio Grande

내 안의 파랑새

고된 삶에 치여,

남의 눈치에 치여,

품은 채 잊어버린 내 안의 파랑새가 있다.

지구 반대편에서 찬찬히 그 안을 들여다본다.

깊숙이 숨어버린 파랑새를 찾아본다.

브라질리아의 일몰 풍경

Chapter 2.

브라질,
거기 어때요?

브라질, 안전해요?

"브라질, 안전해요?"

가장 많이 들어본 질문이자 가장 중요한 질문이다. 남미 여행 정보 커뮤니티의 브라질 관련 질문 0순위이기도 하다. 실제로 출국 전 주변의 많은 분들이 브라질은 위험한 곳 아니냐며 걱정했다. 나 또한 무서워서 브라질 치안에 관한 이야기들을 계속 찾아보았다. 유럽에 비해 브라질의 인구 10만 명당 살인률이 30배 이상 높다는 객관적인 수치부터 누구는 길에서 총기를 소지한 강도에게 속옷까지 털렸으며, 누구는 차 유리창이 깨져 차 안의 모든 소지품들을 도둑맞았다는 자극적인 글까지, 여러 이야기들이 홍수처럼 쏟아져나왔다. 나중에는 단순 소매치기를 당했다는 글이 귀여워 보일 정도였다.

브라질에 2년간 거주하며 다행히도 우리는 단 한 번도 위험한 상황에 처하거나, 이 책으로써는 불행하게도 현지의 생생한 치안 이야기를 전해줄 만한 경험을 해보지는 못했다. 반면, 나와 가까웠던 주변 지인들은 브라질의 이곳저곳에서 다사다난한 일들을 겪었다. 공원 주차장에 세워놓은 차 안의 내비게이션을 털린 이야기, 서울의 '따릉이' 같은 공공 자전거를 빌려 타다가 갑자기 누군가에게 자전거를 내놓으라는 협박을 받은 이야기 등이 있지만(무기는 소지하고 있지 않았다고 한다), 그중에서도 가장 압권은 산부인과 병원에 세워놓았던 차 타이어를 도둑맞은 이야기다. 지인 하나가 브라질에 와 있는 가족과 함께 출산을 위해 산부인과에 갔을 때였다. 아이를 무사히 출산한 후, 아버님이 옷가지 등을 챙기러 집에 가려고 주차장으로 갔는데 당황스럽게도 차 타이어가 사라져 있었단다. 진료 시간이 긴 산부인과 병원의 특성을 노렸는지는 알 수 없지만, 실로 기가 막힌 타이밍이었다.

천만다행으로 언론에서 보던 것과 같은 큰일을 겪은 사람은 주변에 없었지만, 이런 소소한 에피소드들은 브라질에서 실제로 일어나는 일들이다. 보다시피 브라질은 그다지 안전한 국가가 아니다. 하지만 브라질뿐만 아니라 어디든 다 위험할 수 있다. 브라질에서 2년간 거주하며 아무런 위험을 겪지 않았던 나는 포르투갈을 여행할 때 대낮에 관광지에서 소매치기를 당해 신분증, 카드, 돈을 모두 잃어버렸다. 동유럽을 여행할 때는 함께 갔던 친구가 노트북이 들어 있는 가방을 통째로 잃어버렸다. 물론 유럽과 브라질에서 여행 중에 겪을 수 있는 범죄의 종

(위) 국회의사당 방향의 정부청사대로 (아래) 리우데자네이루의 파벨라 풍경

류는 크게 다르다. 유럽에서는 단순 소매치기를 만날 확률이 아주 높지만, 브라질에서는 적은 확률이긴 해도 강도와 직접 마주칠 수 있다. 물론 차를 털릴 확률은 강도를 만날 확률보다 더 높다.

우리가 신문에나 뉴스에서 접하는 강력 범죄들은 일반인들과는 상관없는 조직들 간의 일이거나 이해관계가 얽혀 있는 사람들 간에 벌어지는 범죄인 경우가 대부분이다. 타지에서 온 관광객들은 강도를 조심해야 한다. 그중에서도 특히 무기를 소지한 강도들을 조심해야 하는데, 이들을 만날 확률은 본인이 주의하면 얼마든지 줄일 수 있다.

브라질 여행 시 안전 수칙

브라질을 여행할 때 지켜야 할 안전 수칙은 다음과 같다.
첫째, 밤이 어둑해지면 돌아다니지 말 것.
둘째, 가지 말라는 곳은 가지 말 것. 특히, 파벨라(Favela, 빈민가)는 대낮에도 가이드 없이는 절대로 들어가지 말 것.
셋째, 사람이 많은 곳에서는 핸드폰과 지갑 등 귀중품은 철저히 숨기고 쉽게 꺼내지 말 것.
넷째, 웬만하면 차나 택시를 타고 다닐 것.
다섯째, 가방은 항상 손에 닿는 곳에 둘 것.

> *마지막으로, 그럼에도 강도를 만난다면 싸우거나 도망가지 말고 요구하는 것을 다 줄 것.*

모험에는 늘 위험이 따라온다. 새로운 곳에서는 더더욱 예기치 못했던 사건이 발생하기 마련이다. 그렇기에 여행은 고생스러울 수도 있고 즐거울 수도 있다. 브라질은 치안에 대한 불안이 꾸준히 제기되긴 하지만 지구의 허파인 아마존과 세계에서 가장 큰 폭포인 이구아수의 일부를 품고 있는 곳이기도 하며, 지상 최대 축제인 리우 카니발이 열리는 곳이기도 하다. 브라질은 남미 대륙의 약 절반을 차지하고 있으며 원주민, 유럽인, 흑인, 혼혈 등 다양한 인종으로 이루어졌기에 그만큼 다양한 경험을 할 수 있는 곳이다. 위험하지만 그래서 더 유혹적인 브라질의 초대를 받아들이는 것, 선택은 자신의 몫이다.

긴급 연락처

- 외교부 영사콜센터 +82-2-3210-0404
- 주브라질 대사관 : 근무시간 +55-61-3321-2500
  근무시간 외 +55-61-99658-2421
- 주상파울루 총영사관 : 근무시간 +55-11-3141-1278
  근무시간 외 +55-11-97188-5194
- 경찰 190
- 구급차 192
- 화재 193

단짠단짠, 브라질의 맛

브라질 음식은 대체로 짜고 달다. 브라질리아에 도착한 첫 날, 오랜 비행으로 지쳤지만 그래도 브라질에서의 첫 식사를 포기할 수 없어 남편의 직장 동료에게 추천받은 브라질 전통 스테이크 레스토랑을 찾았다. 저녁 여섯 시, 밤늦게 저녁 식사를 하는 브라질 사람들에 비해 이른 시간에 식당을 찾았다. 식당 안에는 손님 하나 없건만 웨이터의 수는 유난히도 많다. 한쪽에는 긴 샐러드 바가 있다. 웨이터는 자리를 안내한 후 샐러드는 뷔페식이니 담아와서 먹으라며 고기는 자리로 가져다준다고 했다. 물론 당시 포르투갈어를 몰랐던 우리가 눈치껏 알아들은 내용이다.

자리에 앉아 샐러드를 퍼와 먹고 있는데 갑자기 식당 안의 수많은 웨이터들이 어디선가 커다란 고기 한 덩이씩을 끼운 긴 꼬챙이를 가지고 나왔다. 그리고선 테이블 옆으로 다가와 고기를 조금씩 잘라 개인 접시에 덜어준 후 홀연히 떠나갔다. 신기한 광경이었다. 손님은 나와 남편 둘뿐인데, 수많은 웨이터들이 우리를 위해 주변을 맴돌았다. 모두 각자 부위별 스테이크 꼬챙이를 하나씩 들고, 가져온 부위 이름을 말한 후 자꾸 먹겠냐고 물어보며 우리 테이블 옆을 왔다 갔다 한다. 사람도 많고 그 이상으로 소가 많은 브라질이라 가능한 시스템인 것일까? 웨이터들이 각기 다른 부위를 들고 있어서 골라 먹는 재미가 있었다. 브라질 소는 부위 중에서도 우둔살인 피카냐(Picanha)가 가장 유명하다. 브라질인들이 사랑하는 부위인 만큼 실제로도 정말 맛있어서 나는 웨이터가 다른 부위를 권할 때는 피했다가 우둔살을 가지고 오면 더 달라고 해서 먹었다. 신기하게도 브라질에서 먹는 소고기는 등심이나 안심보다 우둔살이 더 맛있다.

브라질에서 경험하는 아찔한 짠맛

브라질을 다녀온 이들에게 브라질에서 꼭 먹어야 할 음식을 물어보면 슈하스코(Churrasco)에 관한 이야기는 항상 빼놓지 않는다. 슈하스코는 고기를 꼬챙이에 끼운 후 소금간만 하여 숯불에 구운 바비큐 요리다. 이날 음식점에서 웨이터들이 들고 다니던 고기가 바로 이 슈하스코다. 사실 슈하스코가 특별하거나 엄청나게 맛있는 음식은 아니고, 일반적인 고기 바비

큐다. 고기는 한우에 비하면 질긴 편이고, 슈하스코 전용 굵은 소금을 치기 때문에 짜기도 엄청 짜다. 고기를 입안에 넣자마자 충격적인 짠맛에 곧바로 입맛을 잃어버린 적도 있었다.

그런데 왜 사람들은 브라질에 오면 슈하스코를 꼭 먹어야 한다고 입을 모아 말했을까? 비싸기만 하고 짜기만 하다며 투덜거리던 나도 손님이 오면 무조건 한 번은 슈하스코를 먹는 음식점인 슈하스카리아(Churrascaria)로 데려간다. 슈하스카리아에서 볼 수 있는 브라질식 호디지우(Rodizio) 문화를 체험하게 하기 위해서다. 가게마다 차이는 있지만 브라질 대부분의 슈하스카리아가 호디지우식으로 운영한다.

호디지우는 자리에 앉아서 먹는 뷔페라는 브라질 특유의 식사 문화다. 자리에 가만히 앉아 있으면 웨이터들이 음식을 들고 돌아다니며 개인 접시에 덜어준다. 피자 호디지우에 갔다면 마르게리타 피자부터 고르곤졸라 피자 등 다양한 종류의 피자를, 중국집 호디지우에 갔다면 볶음밥부터 탕수육까지 다양한 중국 음식을 웨이터들이 가져와서 개인 접시에 덜어주는 것이다. 덕분에 뷔페지만 한자리에서 모든 음식을 편히 먹을 수 있다는 장점이 있다. 건네주는 음식을 먹고 싶지 않을 때는 먹지 않겠다는 의사 표현을 하면 된다.

내가 도착한 첫날 갔던 슈하스카리아가 바로 웨이터가 앉은자리로 슈하스코를 계속 갖다주는 호디지우식 식당이었다.

눈 앞에서 직접 고기를 잘라주는 슈하스카리아

호디지우식 슈하스카리아는 기본적으로 브라질인들이 가장 많이 먹는 우둔살, 안심, 등심(Contra Filé) 등 소고기 위주의 부위를 무제한으로 제공하며, 돼지고기나 닭고기는 물론 가게에 따라 해산물이 나오기도 한다. 짜다는 단점이 있지만, 눈에 보일 정도로 굵은 소금은 털어내고 먹으면 된다. 지독한 짠맛에 그 레스토랑을 추천해준 이를 원망한 것도 잠시, 얼마 안 가 브라질 음식 대부분이 짜다는 것을 깨달았다. 알고 보니 그 레스토랑은 다른 데에 비해 그나마 덜 짜고 맛있는 곳이었다.

브라질에서는 음식이 짜지 않은 식당을 찾는 것이 더 힘들었다. 이탈리안 음식점의 파스타나 리소토도 짰고, 일식집의 라면도 짰다. 그렇게 나는 조금씩 브라질식 짠맛에 길들여졌다. 1년 후 그 식당에서 모임이 있어 마음의 준비를 하고 갔는데, 놀랍게도 고기 맛이 더 이상 짜게 느껴지지 않았다.

저울에 무게를 재서 먹는 식당이 있다

다음 날, 남편이 직장에 가 있는 동안 홀로 점심 외식에 도전해보기로 했다. 나름 인터넷으로 근처의 평점 높은 식당을 검색해 찾아갔다. 자리에 앉았는데 아무도 오질 않는다. 주변을 두리번거리니 뷔페처럼 일렬로 세팅되어 있는 음식 한편으로 생뚱맞게 저울이 있었다. 메뉴판은 없는 건가 당황해하던 나는 마침 손님이 없어 한가하던 식당 주인의 도움으로 무사히 식사를 할 수 있었다. 식당 주인은 손짓으로 시스템을 알려줬다. 접시를 잡으세요, 음식을 담으세요, 저울 위에 음식을 담은 접시를 올려두세요. 역시 세계 어디든 바디 랭귀지는 통했다.

이 레스토랑은 브라질에서 흔히 볼 수 있지만 우리에게는 생소한 포르킬로(Por Kilo)식 레스토랑이었다. 포르킬로는 '킬로그램당'이라는 뜻으로 뷔페처럼 야채, 고기 등 다양한 음식이 차려져 있는 식당에서 원하는 만큼 접시에 담고 저울로 무게를 달아 먹는 방법이다. 1킬로그램당 가격이 정해져 있고, 주로 점심 때만 영업한다.

뷔페는 그 나라의 음식을 한눈에 가장 잘 볼 수 있는 곳이다. 한국에서 뷔페 식당에 가면 잡채, 불고기 등 한국인이 즐겨 찾는 음식이 놓여 있듯 브라질의 포르킬로 뷔페 음식점에서도 이곳 사람들이 흔히 먹는 음식을 찾아볼 수 있다. 대부분의 포르킬로 음식점에는 반갑게도 밥이 있다. 흰밥, 브로콜리 밥, 볶음밥 등등, 종류도 다양하다. 포르킬로 음식점뿐만 아니다. 스테이크나 이탈리안 레스토랑 등 어느 음식점을 가도 밥이 있다는 점은 브라질에 거주하며 가장 좋은 점 중 하나다.

밥 옆에는 대체로 콩 스튜인 페이장(Feijão)이 있다. 포르투갈어로 콩을 뜻하는 페이장은 콩을 푹 끓인 요리 이름이기도

음식 무게로 요금을 내는 포르킬로

하다. 우리가 밥을 먹을 때 김치가 빠질 수 없듯 브라질 사람들은 거의 밥 위에 페이장을 뿌려 먹는다. 비록 소금을 친 밥이지만, 이 흰밥에 푹 삶아 부드러운 콩과 국물이 잘 어우러져 콩밥에 익숙한 한국인들의 입맛에도 아주 잘 맞는다.

비슷한 음식으로 페이조아다(Feijoada)도 있다. 페이장과는 달리 페이조아다는 검은콩과 돼지고기를 함께 푹 끓인 스튜의 일종이다. 과거 아프리카에서 건너온 흑인 노예들이 먹을 것이 부족하여 주인들이 먹지 않는 돼지의 귀나 혀, 내장 등을 검은콩과 함께 끓여 먹은 것에서 유래되었다는 설이 있다. 노예들이 맛있게 먹는 걸 보고 유럽인들도 먹기 시작했다고 널리 알려져 있는데, 페이조아다가 유럽 음식이라는 설도 있다.

포르킬로 음식점 이용 방법은 간단하지만 모르면 헤매기 십상이니 방문할 예정이라면 사전에 알아두고 찾아가자. 먼저, 빈 접시에 원하는 음식을 담아 저울 위에 올려둔다. 그러면 직원은 저울에 적힌 무게와 금액을 확인하고 이를 적은 영수증이나 카드를 건네준다. 이때 마실 것도 함께 주문하면 그 금액까지 함께 입력해준다. 이후 자리에 앉아 식사를 한 다음, 무게를 잴 때 받았던 영수증 혹은 카드를 제출하고 계산하면 끝이다. 먹고 싶은 것만 골라서 그 양만큼만 값을 지불하고 먹는 시스템이라니. 처음 겪어보는 브라질의 이 식당 시스템이 신기하면서도 이렇게 편하고 합리적인 식당 문화가 또 있을까 싶다.

Special.

브라질 대표 먹거리

* 팡지케이주 Pão de Queijo

"치즈 빵"이라는 뜻의 팡지케주는 진한 치즈 향과 쫀득한 식감이 일품인 브라질의 국민 빵이다. 팡지케이주의 쫀득한 식감은 만지오카 전분에서 비롯된다. 열대작물인 만지오카는 우리나라에서는 카사바로 더 많이 알려져 있고, 이 식물에서 만지오카 전분을 추출한다.

* 타피오카 Tapioca

우리에게는 버블티에 들어가는 펄의 주원료로 잘 알려져 있는 타피오카 전분으로 만든 흰색 팬케이크 모양의 음식이다. 타피오카 전분은 만지오카에서 채취한 전분 종류 중 하나인데, 별도의 반죽을 하지 않고도 열을 가하면 저절로 뭉치기 때문에 타피오카 가루를 곧바로 프라이팬에

구워 간편하게 먹을 수 있다. 타피오카는 취향에 따라 햄과 치즈 등 짠 것을 넣거나 연유와 초콜릿, 바나나 등 단 것을 올려 반으로 접어 먹는다.

* 무케카 Moqueca

새우나 흰 살 생선 등의 해산물과 양파, 마늘, 토마토 등을 넣어 만든 브라질식 해물탕이다. 식당에서 무케카를 주문하면 밥과 함께 파로파(Farofa)와 바타파(Vatapa)가 나와 큰 한 상이 차려진다. 파로파는 만지오카 가루를 계란 등과 함께 버터에 볶은 음식이며, 바타파는 전형적인 아프로-브라질리언 음식으로 새우에 야자유와 야자 우유를 넣어 끓인 스튜다. 둘 다 밥 위에 뿌려 먹는데, 무케카에 바타파와 파로파를 함께 곁들여 먹으면 더욱 맛있다.

* 아사이 Açaí

국내에서는 아사이베리로 알려졌고 브라질너트에 이어 또 다른 아마존의 슈퍼 푸드로 각광받고 있다. 아사이 열매는 아마존 열대우림 지역에서만 자라는 아사이 야자수에서 채취한다. 열매에는 안토시아닌이 풍부하고 피토스테롤, 폴리페놀, 세로토닌, 오메가-3 등이 함유되어 있어 면역력 강화, 항염, 노화 방지, 콜레스테롤 완화 등에 도움이 되는 것으로 유명하다. 하지만 아사이는 부패 속도가 빨라 하루 안에도 상할 수 있다는 단점이 있다. 따라서 대부분 부패 방지를 위해 셰이크나 아이스크림, 분말 등의 형태로 가공된다. 브라질에서 일반적으로 먹는 아사이는 대부분 아사이 셰이크이며, 그 위에 과일과 견과류 같은 원하는 토핑을 올려 함께 먹는다.

* 과라나 Guaraná

브라질의 대표 탄산음료다. 원래 과라나는 커피콩보다 카페인이 두 배나 많아 피로 해소와 각성 효과가 뛰어난 아마존에서 나는 열매 이름이다. 다양한 에너지 드링크의 원료로 활용되며, 브라질에서는 이 열매를 주원료로 한 탄산음료를 과라나라는 이름으로 생산한다.

* 카이피리냐 Caipirinha

세계적으로 유명한 브라질의 대표 칵테일, 카이피리냐는 카샤사(Cachaça) 술을 베이스로 한다. 카샤사는 사탕수수 원액을 발효시켜 증류한 술로, 럼과 비슷한 방식으로 만들어졌다고 하여 브라질의 럼주라고도 불리는 브라질의 전통주다. 알코올 농도가 38도에서 50도 정도인 카샤사에 라임과 설탕, 얼음을 넣어 만든 칵테일이 바로 카이피리냐다. 상큼하면서도 단맛에 속아 거듭 마셔서 저도 모르는 사이에 취하게 되는 카이피리냐는 영락없는 브라질의 맛이다.

브라질만의 식당 이용법

브라질 사람들은 통상적으로 저녁 여덟 시 이후에 저녁 식사를 한다. 내가 브라질에서 2년간 관찰해본 결과 밤 아홉 시에서 열한 시 사이에 가장 많은 이들이 식당을 찾는다. 때문에 식당들이 오후 다섯 시나 여섯 시에 오픈하는 한국과는 달리 이곳에는 밤늦게 문을 여는 밥집이 많다. 작은 마을일수록 식당들이 더 늦게 연다.

미나스제라이스(Minas Gerais)주의 오루프레투(Ouro Preto)에 갔을 때였다. 나름 공들여 맛집을 찾았고 홈페이지에 나와 있는 오픈 시간인 저녁 일곱 시에 맞춰 찾아갔다. 그러나 식당 문은 굳건히 닫혀 있었다. 마침 출근 중이던 직원은 밖에서 기다리던 우리를 마주쳤는데도 안으로 들여보내질 않았다. "일곱 시 오픈 아니에요?"라는 내 질문에 "네. 하지만 아직 주방장이 출근하지 않았어요"라며 혼자 문을 열고 들어갔다. 쌀쌀한 추위 속에서 이십 분을 더 서성이며 기다렸으나 이후 들은 말이라고는 주방장이 아직도 오지 않았으니 계속 기다리라는 이야기뿐이다. 결국 기다리다 못해 다른 식당을 찾아갔고, 그곳에서도 우리는 그날의 첫 번째 손님이 되었다. 오후 일곱 시 삼십 분이었다. 이렇듯 저녁을 늦게 먹는 브라질 문화 특성상 오픈 시간을 잘 챙겨보고 가도 더 기다려야 될 수도 있다.

이외에도 알아두면 좋을 브라질의 식당 문화가 더 있다. 대부분의 국가가 그렇듯 브라질에서도 물은 별도로 사 마셔야 하는데, 이곳에서는 물을 주문하면 웨이터가 두 가지 질문을 꼭 던진다. 첫째, 주문한 물이 일반 생수인가 탄산수인가? 둘째, 얼음과 레몬이 필요한가? 음료를 시켜도 마찬가지다. 항상 "얼음과 레몬?" 이렇게 물어보는데, 얼음과 레몬 가격은 음료에 포함되어 있으니 혹여나 값이 더 붙을까 걱정하지 않아도 된다. 주문을 완료하면 웨이터는 식사가 나오기 전에 음료를 먼저 가져오는데, 이때 레몬 한 조각과 얼음이 가득 담겨 있는 유리컵에 물이나 음료수를 꼭 직접 따라준다. 무언가 잔뜩 들고 있어 손에 여유가 없는데도 나머지 한 손으로 굳이 음료수의 뚜껑을 따서 따라준다. 셀프서비스에 익숙해진 우리에게는 부담스러울 정도의 친절함이다. 이후 음료가 점점 줄어들어 컵의 3분의 1쯤 남으면 다가와 더 따라주고 간다. 그렇다고 팁을 별도로 받는 것도 아니다. 브라질에는 팁 문화가 없다.

시간이 지나 접시 위의 음식이 사라지거나 컵이 끝까지 비면 웨이터는 어김없이 나타나 바로바로 치운다. 우리 테이블만 지켜보고 있는 게 아닐까 싶을 정도다. 물론 음료의 경우 치우면서 “한 잔 더?”라고 물어보는 것도 잊지 않는다. 먹자마자 치워주는 게 문화인 줄 모르고 다 먹은 우리에게 빨리 나가라는 무언의 강요인가 싶어 불쾌했었다. 그러나 지금은 안다. 이것은 이들이 손님을 극진히 대접하는 방식이라는 것을. 그러니 아직 한창 이야기 중이라면 웨이터가 그릇을 치웠다고 해서 빨리 나가야 한다는 압박을 받을 필요는 없다.

다 먹고 이야기도 다 끝나서 계산서를 요청하면 이들은 바로 가져다주는 대신 커피나 후식을 주문하겠느냐고 묻는다. 식사 후 따로 카페로 이동해서 커피를 마시는 우리와는 달리 이곳에서는 대부분 레스토랑 안에서 커피와 후식까지 해결하기 때문이다. 그렇기에 브라질 식당은 대부분 후식 메뉴판도 별도로 갖고 있다. 후식을 먹지 않겠다고 대답하면 웨이터는 계산서를 카드기와 함께 테이블로 가지고 온다. 카드 결제가 일반적인데 치안이 좋지 않아 카드 복제 우려가 있어 이런 문화가 자리 잡았다. 웨이터는 손님을 안심시키기 위해 가져온 카드기로 직접 눈앞에서 계산한다. 그런 후 카드기를 쓱 고객 앞으로 내미는데, 이때 손님들은 액수를 확인하고 비밀번호와 확인 버튼을 직접 누른다. 영수증에 찍힌 식사 비용에는 10퍼센트의 부가세가 이미 포함되어 있다.

브라질에서 흔한 얼얼한 단맛

식당에서 후식을 먹거나 카페에서 디저트를 먹을 때 가끔은 너무 달아 혀가 얼얼할 때가 있다. 어떤 때는 일식집에서 먹는 초밥도 매우 달다. 아무리 달고 짠 음식을 좋아하는 브라질 사람들의 취향에 맞춰 만들었다지만 밥과 회가 이토록 달다니, 나는 짜디짠 고기보다 달디단 초밥이 더욱 먹기 힘들었다. 하지만 브라질 사람들은 단 초밥을 맛있다며 먹는다. 이들에게 우리가 먹는 초밥 맛을 보여주면 반대로 어떻게 초밥이 달지 않을 수 있냐며 황당해할까?

이곳 사람들은 단 음식을 참 좋아한다. 어느 날 친구가 최근 동네에 새로 생긴 카페에 가보았느냐며, 거기에 미드나이트라는 디저트가 있는데 가면 꼭 먹어보라고 했다. 그게 너무 맛있어서 자꾸 그 카페를 가게 된단다. 우연히 남편과 함께 그 카페에 들렀다가 친구가 흥분하며 추천했던 미드나이트가 생각나서 그 디저트를 찾았다. 우선 비주얼부터 놀라웠다. 온통 초콜릿인 산 모양 케이크였는데, 크기도 얼굴 크기만 했다. 보기만 해도 혀에서 단맛이 느껴졌다.

직원은 1인 1케이크가 당연하다는 듯 포크와 나이프를 하나만 가져다주었다. 둘이 앉아 있는 것을 보고도 식기는 1인용만 가져다주다니, 초콜릿이 아닌 곳을 찾기도 힘든 얼굴 크기

얼얼할 정도로 단 브라질의 디저트

만 한 케이크를 어떻게 혼자 먹으라는 건지.

"너는 혼자 그 케이크를 다 먹어?"

"응. 너무 맛있지 않아?"

"……."

이후 혼자 미드나이트를 다 먹는다는 친구는 나에게 드디어 먹어봤느냐며 맛있지 않았느냐고 했다. 난 차마 대답할 수 없었다.

브라질에서는 달지 않은 디저트를 먹고 싶어도 무엇에든 단맛을 섞어놔서 찾기가 참 힘들다. 담백한 치즈 케이크를 찾기도 어렵다. 치즈 케이크를 시키면 90퍼센트의 확률로 빨간색 잼이 섞여 나오기 때문이다. 이 빨간색 잼의 이름은 고이아바다(Goiabada)로 구아바로 만든 잼이다. 브라질에서 고이아바다는 치즈와 함께 일명 '로미오와 줄리엣'이라고 불리는데, 치즈와 함께 먹으면 로미오와 줄리엣처럼 찰떡으로 잘 어울리기 때문에 이런 이름이 붙었다고 한다. 달콤한 고이아바다와 함께 짠 치즈를 먹으면 왜 이런 이름이 붙었는지 알 수 있을 정도로 정말 맛있지만 가끔은 치즈만 있는 순도 100퍼센트 치즈 케이크가 너무 그립다.

한국은 김밥 천국, 브라질은 과일 천국

과일의 천국, 브라질이다. 길거리에는 주인 없는 망고 나무와 아보카도 나무가 가득하다. 과일이 익어 떨어질 즈음이면 사람들은 봉투를 들고 망고 나무가 많은 곳들을 찾아다니고, 길에서 잔뜩 주워 집으로 가져간다. 비가 오고 난 다음 날이면 유독 과일이 많이 떨어져 있다. 그럴 때는 인도까지 한가득 떨어진 망고들을 혹여나 밟을까 조심하며 걸어야 한다. 바닥을 살피며 조심조심 길을 걷다 보면 땅에 떨어지면서 깨진 망고의 향이 코로 스며든다. 개미들과 각종 벌레들도 달콤한 향에 취해 갈라진 과일 주위에 모여 있다. 성한 망고를 발견하는 일은 이럴 때만 매우 부지런해지는 브라질 사람들 때문에 쉽지 않다. 희한하게도 사람들은 떨어지는 때를 잘 아는지 먹을 만한 망고가 떨어지면 바로 잘도 주워간다.

한 번은 남편이 집 앞에서 성한 과일을 발견했다며 노랗게 익은 망고 하나를 주워왔다. 하지만 길에 떨어진 망고를 그냥 아무나 막 주워와도 괜찮은지, 이 망고를 정말 먹어도 괜찮은지 알 수 없었다. 그래서 현지인 친구에게 물어봤다.

"길에 떨어져 있는 과일 주워가도 괜찮은 거야? 합법이야?"

"당연하지. 설마 한 번도 안 주워본 거야?"

길가에 늘어선 망고 나무와 땅에 떨어진 노란 망고

"응. 그거 먹어도 돼?"

"그럼, 나도 맨날 먹는걸. 요즘 슈퍼에서 망고를 사 먹는 사람이 어디 있니? 다 주인 없는 나무라 떨어진 과일은 아무나 가져갈 수 있어. 먹어봐, 맛있어!"

친구의 대답에 지금까지 슈퍼에서 망고를 사 먹고 있던 것이 억울해졌다. 진작 물어볼걸. 집에 와서 남편이 주워왔던 망고를 깨끗이 씻어 잘라 먹어보는데 솔직히 조금 놀랐다. 사 먹는 망고와 맛이 별반 차이가 없었기 때문이다. 공짜라 왠지 더 맛있는 것 같기도 했다. 길거리에서 막 나뒹구는 망고가 이렇게나 많고 맛있다니, 브라질은 진정 축복받은 땅이었다.

발에 치일 정도로 남아도는 과일 덕에 브라질에서는 과일과 생과일주스의 가격이 매우 싸다. 한국에 살 때는 과일이 비쌌는데, 여기서는 값도 싸고 생과일주스까지 마실 수 있으니 행운이었다. 심지어 과일이 더 신선하고 상큼하게 달다. 대부분의 음식점에서는 오렌지, 레몬, 수박, 파인애플 같은 기본 과일주스를 팔고 있어서 식사 때도 함께 즐길 수 있다.

브라질에서 놓치지 말아야 할 과일주스는 바로 파인애플 민트 주스다. 이곳에서는 파인애플 주스에 민트를 넣어 먹는다. 다소 신선한 조합인데, 파인애플에 민트향이 더해져서 신맛이 덜해지고 상큼해져서 나는 제일 좋아했다.

브라질을 여행할 때 알아두면 좋은 과일 이름을 소개

한다. 오렌지(Laranja[라랑자]), 레몬(Limão[리망]), 수박(Melancia[멜란시아]), 파인애플(Abacaxi[아바카시]), 파인애플과 민트(Abacaxi com hortelã[아바카시 꽁 오르텔라]), 바나나(Banana[바나나]), 딸기(Morango[모랑구]), 망고(Manga[망가]), 파파야(Mamão[마망]). 물론 손가락으로 가리켜도 된다.

흔히 볼 수 있는 과일 가판대

언제 날 한번 잡자더니 잠수 타는 사람들

"언제 밥 한번 먹자."

한국인이라면 한번쯤 정말로 밥을 함께 먹을 의도가 없음에도 상대방에게 밥 먹자는 말 한마디를 건네본 적이 있을 것이다. 언제 밥 한번 먹자는 말은 각종 설문조사에서 한국인이 가장 많이 하는 거짓말 1위로도 뽑혔다. 이는 안녕만 말하기 뭣하니 한마디 더 붙이는 인삿말이자 반가움의 표현이다. 다른 맥락이긴 하지만 브라질에도 비슷한 문화가 있다. "언제 날 한번 잡자"라는 말이 있는데, 이 말을 듣고 정말로 만날 날을 정하려고 하면 브라질 사람들은 당황한다. 그렇지 않은 사람들도 많지만, 브라질 사람들이 약속을 잘 안 지키는 것은 유명하다. 날 한번 잡자고 해서 실제로 만날 날을 정했으나 잠수 타는 경우도 수두룩하다고 한다.

출산이 임박한 중국인 친구가 있었다. 그녀의 독일인 남편은 곧 태어날 아이와 임산부를 위한 베이비 샤워 파티를 열어

친구들을 모두 초대했다. 총 중국인 한 명, 독일인 한 명, 한국인 두 명 그리고 브라질인 다섯 명이 모이게 되었다. 나는 다른 한국인 친구와 오후 일곱 시인 약속 시간보다 늦게 도착할 친구들을 생각해 신경 써서 일곱 시 십 분에 도착했다. 파티를 주최한 독일인과 중국인 친구가 먼저 앉아 있었다. 그렇게 우리 넷은 근황을 주고받으며 역시나 늦는 브라질 친구들을 기다렸다. 시간이 지나자 나름 일곱 시 삼십 분 언저리에 도착하고자 노력한 브라질 친구 세 명이 곧이어 들어왔다. 외국인인 우리에게 익숙해진 덕이었다. 다른 두 명은 오후 여덟 시가 되도록 여전히 보이지 않았다. 우리는 "왜 안 와?" "몰라, 곧 오겠지" 따위의 대화를 나누며 음식을 주문하고 식사를 시작했다. 이런 상황에 너무 익숙했기 때문에 아무도 연락해볼 생각은 하지 않았다. 그들은 그날 결국 아홉 시가 넘어서야 도착했다. 다행히도 나는 친구들이 늦게 오면 늦게 왔지 소문처럼 바람맞아본 적은 없다.

대신 누군가와 연락 도중 답이 오지 않아 한없이 기다리는 일은 자주 겪었다. 우리가 다니고 있는 테니스 레슨보다 가격이 더 저렴하다는 테니스 선생님을 소개받곤 명함에 적혀 있는 번호로 메시지를 보낸 적이 있었다. 반갑다는 말과 사전에 들은 대로의 가격을 제시한 선생님은 배우고 싶다는 내 말에 더 이상 답을 하지 않았다. 그 뒤로도 몇 번 더 연락을 해보았으나 항상 "내가 다시 연락 줄게"하고서는 다시 연락이 끊겼다. 여행 계획을 짜기 위해 현지 여행사와 한참 메시지를 주고받는 도중 갑자기 연락이 끊기는 경우도 허다하다. 다시 연락을 해도 마찬가지다. 대답이 없다. 브라질 친구의 변명에 따르면 자신을 포함한 모두가 왓츠앱(우리나라의 카카오톡 같은 브라질에서 가장 많이 쓰는 메신저 앱)을 통해 수많은 연락을 하기 때문에 뒤로 밀려 깜빡하는 경우가 많아 그렇다고 한다. 하지만 어떻게 한두 명도 아니고 이 많은 사람들이 그럴 수가 있을까?

이방인으로 산다는 것

브라질에 살면서 이들이 갖고 있는 책임감이라는 개념이 우리와는 조금 다르다는 생각을 할 때가 많았다. 브라질 요리를 배우고 싶어 공립기술교육학교(SENAC)의 기초 요리 코스에 등록한 적이 있다. 홈페이지의 코스 소개에는 강의 기간과 시간이 나와 있었고, 혹시 몰라 학교에 연락하여 그 내용이 맞다는 사실을 확인한 후 접수를 마쳤다. 접수 방법도 꽤 복잡했다. 등록에는 신분증과 함께 최종학교 졸업장이 필요한데 포르투갈어로 번역된 문서가 필요하단다. 느린 인터넷으로 겨우 졸업장을 인쇄하고 포르투갈어로 번역하여 모두 제출했다. 요리

(위) 파라노아 호수 옆 레스토랑 (아래) 브라질리아 국립공원 내 야외수영장

한 번 배우는 데 여간 번거로운 것이 아니었다.

문제는 그 후였다. 등록이 완료되었다고 확인 이메일이 왔는데 살펴보니 날짜와 시간, 장소 등 모든 것이 내가 사전에 확인했던 사실과 달랐다. 놀라서 다시 학교에 연락했더니 그냥 그렇게 됐다고 대꾸한다. 그 시간에는 다른 일을 하고 있어 갈 수가 없는데……, 잘못된 정보로 괜한 짓만 한 셈이었다. 홈페이지에는 여전히 처음에 봤던 날짜와 시간이 적혀 있었다.

해외에서 산다는 것은 참 어렵다. 다른 문화 시스템 안에서 나고 자란 사람들의 사고방식은 따라잡기 힘들 때가 많고, 그들의 문화 또한 이해가 안 가는 것투성이다. 이 더운 나라에서 아이스 아메리카노를 사 마실 카페가 없어 물과 얼음 잔, 에스프레소를 모두 주문하여 직접 제조해서 먹어야 하는 불편함부터 사람을 일곱 시에 불러놓고 아홉 시가 다 되어서야 식사를 대접하는 답답함까지 나열하자면 끝이 없다. 그럼에도 축구에 울고 웃고 음악과 춤을 좋아하며 물만 보면 뛰어드는 이 사람들과 함께 있자면 즐겁다. 아무런 연락 없이 약속 시간에 한 시간이나 늦어도 그러려니 하며 인상 한번 찌푸리지 않고 왜 늦었는지 궁금해하지도 않는 이들을 보면 너무 신기하다.

답답하긴 하지만 어느덧 그들을 따라 내 마음이 너그러워진다. 먼 타지에서 나는 오늘도 또 새로워진다.

살바도르 펠로리뉴의 어느 노천카페에서

파라노아 호수와 JK다리 풍경

여행의 맛

다른 공기다.
낯선 거리가 어색하고
낯선 언어에 당황한다.

시끄럽던 마음이 고요해지고
눈앞의 새로운 풍경이 머릿속을 가득 채운다.

먼발치에서,
끝이 없을 것만 같던 깊은 바다가
얕은 호수였음을 본다.

모든 것에는 끝이 있음을 깨닫는다.

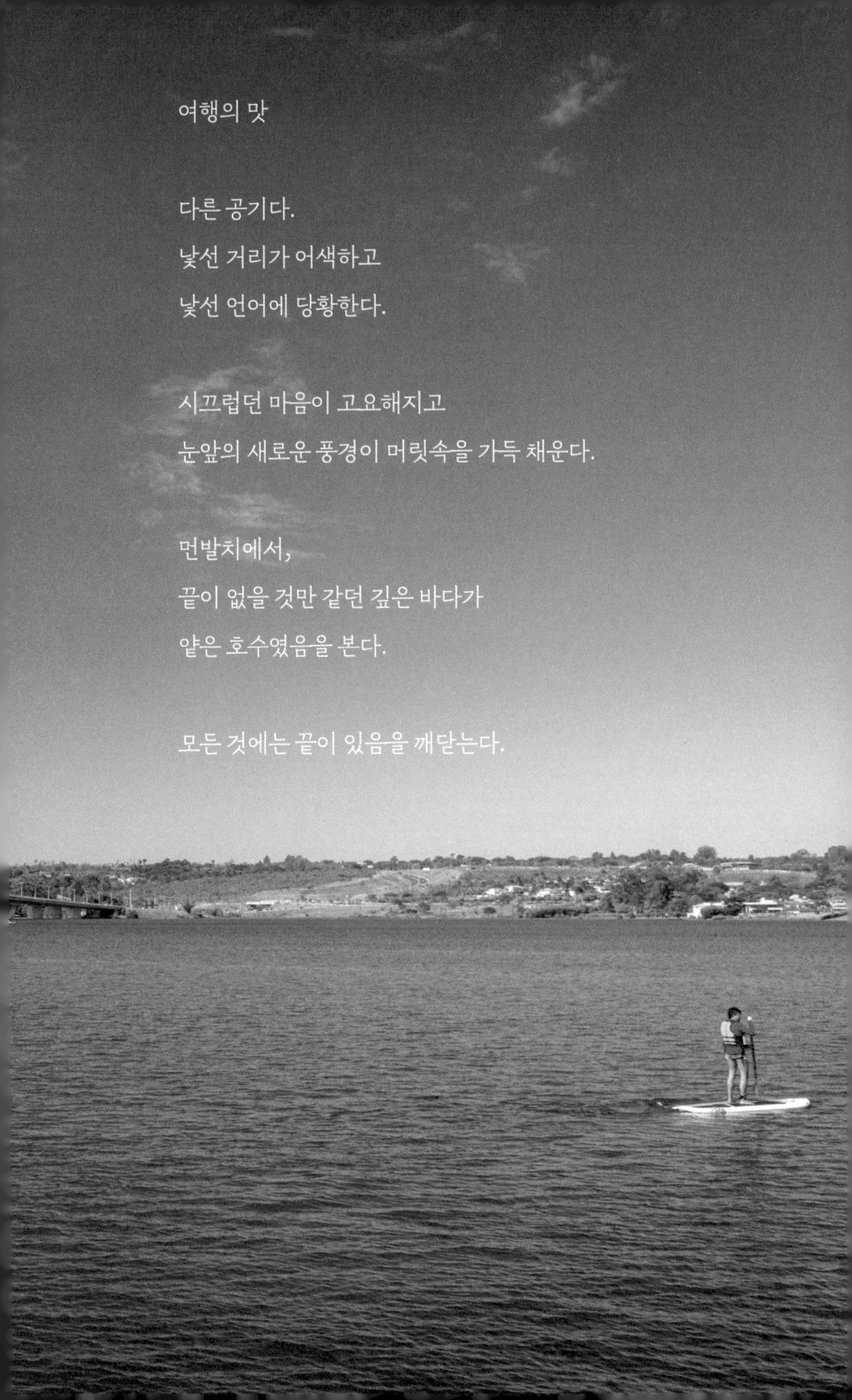

Chapter 3.

여행자의
브라질리아 라이프

브라질리아, 이곳은 정녕 다른 행성인가

갑작스레 브라질, 그 넓은 땅 안에서도 브라질리아로 떠나게 되었다는 소식을 듣자마자 나는 가장 먼저 인터넷 검색창에 브라질리아를 검색해보았다. 내가 앞으로 2년이나 살게 될 그곳 과연 어떤 곳일까. 살면서 그곳에 대해 아무런 이야기도 듣지 못했던 터라 더더욱 궁금했다.

브라질리아는 한 국가의 수도인 만큼 관련 글이나 사진이 많지 않을까 했는데 의외로 정보는 쉽게 나오지 않았다. 리우데자네이루(Rio de Janeiro)처럼 우리에게 잘 알려진 여행지도 아니고 상파울루(São Paulo)처럼 한인이 많은 대도시도 아니기 때문이다. 광적으로 마우스를 클릭하며 브라질리아에 관한 글을 찾던 나는 결국 영어로 검색하기에 이르렀다. 다행히 해외 블로거들은 브라질리아를 상세히 소개하고 있었다. 인상적이게도 많은 이들이 브라질리아를 '미래 도시'로 표현하고 있었다. 인류 최초의 우주비행사인 유리 가가린조차 1961년 브라질리아를 방문하여 "지구가 아닌 다른 행성에 착륙한 기분"이라는 소감을 말한 적이 있다. 도대체 브라질리아는 어떤 곳이기에 우주비행사마저 다른 행성 같다고 말하는 걸까? 기대감이 더욱 커졌다.

도시에 대한 환상은 인천공항에서 이륙할 때까지 계속하여 커져만 갔고 긴 비행시간 동안 점점 부풀어 터질 지경이었다. 드디어 우리는 브라질리아에 도착했다. 피곤해서 토할 것 같은 와중에도 브라질리아의 풍경을 놓칠 수 없어 눈을 부릅뜨고 창밖을 쳐다보며 숙소로 향했다. 브라질리아는 수도임에도 고층 건물이 드물어서 자로 잰 듯 반듯한 지평선과 맑디맑은 새파란 하늘을 원 없이 볼 수 있었다. 우습게도 이를 바라보는 브라질에서의 내 첫 소감은 "내 눈이 드디어 쉴 수 있겠구나"였다. 이윽고 사진으로만 봤던 독특한 건물들 앞을 실제로 지나치자 이곳이 상상했던 그대로의 도시라는 것을 바로 알 수 있었다. 글씨가 새겨져 있는 피라미드 형태의 국립 극장과 동그란 구체를 반으로 잘라 나눈 것 같은 국회의사당이라니. 모니터로 보며 꿈꿨던 것처럼 브라질리아는 정말 같은 지구 안이라고는 믿기지 않았고, 신기했다. 앞으로 내가 살아갈 곳이라고 생각하니 눈길이 닿는 모든 장소에 벌써 애정이 생겼다.

반짝반짝 빛나는 브라질의 수도

브라질리아는 고층 건물이 빼곡하고 인구가 밀집한 그런 흔한 수도와는 다르다. 이곳에서는 거주 지역에 7층 이상 높이의 건물을 세우지 못한다. 그 덕분에 어느 곳에서든 고개를 들면 파란 하늘에서 뭉실뭉실한 구름이 그림처럼 펼쳐진다. 내가 브라질리아에 도착하자마자 본 바로 그 광경이다. 신도시를 건설하며 만든 파라노아 호수에는 이 모든 것이 투영된다. 호수는 그 위에 떠 있는 하늘빛을 닮아 파랗고 고요하다. 브라질리아의 뜨거운 햇살은 물 표면에 닿으면 반짝반짝 빛이 나며 부서진다.

이 독특하고 평화로운 수도는 1960년에 탄생했다. 인구 분산과 내륙 개발을 위해 붉은 대지뿐이었던 브라질 중서부 고원 지역에 신도시를 세워 리우데자네이루에서 수도를 이전했다고 한다. 브라질리아는 당시 브라질 대통령이었던 주셀리노 쿠비체크의 주도 하에 도시 계획가 루시우 코스타와 건축가 오스카르 니에메예르가 설계한 완전한 계획도시다.

루시우 코스타는 브라질리아를 동체와 날개 부분으로 구별되는 비행기 형태로 설계했다. 가운데 동체 부분에는 국회 및 정부 청사 등의 기관이 모여 있으며, 이를 기준으로 대칭을 이루는 양 날개 부분에는 7층 높이의 주거지 및 상가들이 줄지

(위) 비행기 형태로 설계된 브라질리아 풍경 (아래) 브라질리아 대성당의 화려한 내부

어 서 있다. 루시우 코스타는 밖에서 놀고 있는 아이들과 식사 시간에 부모가 이들을 창문 너머로 불렀던 브라질의 옛 모습을 떠올리며 그 모습을 재현하기 위해 거주 지역 건물들의 높이를 제한했다고 한다. 한 인터뷰에서 그는 이러한 광경을 재현하기 위해서는 7층 높이까지가 가장 적당했다고 대답했다. 이뿐만이 아니다. 공무원들이 비행기 조종석에 앉은 파일럿처럼 국가를 바로 운영했으면 좋겠다는 희망을 담아 양 날개 사이인 중심부에 주요 정부 기관을 배치했단다. 1950년대에 설계된 도시는 놀랍게도 세심하고 디테일하다.

도시 안에는 브라질의 세계적인 건축가 오스카르 니에메예르를 비롯하여 브라질을 대표하는 다양한 건축가들이 설계한 혁신적이고 초현대적인 공공 건축물들이 브라질리아의 랜드 마크로 자리 잡고 있다. 때문에 브라질리아를 제대로 즐기기 위해서는 도시의 유명 건축물 투어를 다니는 것이 필수다. 대부분은 공공 건축물로 브라질리아의 정중앙에 위치한 정부 청사대로(Esplanada dos Ministérios)에 몰려 있어, 여기에서부터 평화로우면서도 특별한 이 수도의 매력이 나타난다.

브라질리아는 도시 내의 모든 요소들이 전체적인 설계와 조화를 이루었다는 호평을 들으며 1987년 유네스코에 등재되었다. 브라질리아에 오신 부모님은 이런 기이한 건축물들을 어떻게 60년 전에 세울 생각을 했는지 모르겠다고 놀라워하시며 도시가 너무 특이해서 오지 않았으면 정말 아쉬울 뻔했다고 하셨다. 또 관광지가 많지 않은 대신 시간이 느리게 가는 이 도시에서 오랜만에 느긋한 마음으로 지낼 수 있었다며 좋아하셨다. 나도 동감한다. 우리는 새파란 하늘 아래에서 저 멀리 지평선을 바라보며 평화롭게 살았다. 그렇게 브라질리아에서 1년을 지내고 한국에 잠깐 나와 건강검진을 했다. 시력검사 결과는 놀라웠다. 0.9, 1.0이었던 내 시력이 양쪽 다 1.5가 나온 것이다. 브라질리아의 풍경이 정말로 시력 향상에 도움이 되었던 걸까? 미스테리다.

브라질 독립기념일 퍼레이드 모습

Special.

브라질리아 1 Day 추천 코스

오전

① 3부 광장(Praça dos Poderes)

국회의사당(입법부), 연방고등법원(사법부), 대통령 집무실(행정부) 사이에 있어 3부 광장이라고 불린다. 3부 광장 근처에는 건축가 오스카르 니에메예르의 대표 건축물들이 집중되어 있다. 특히 국회의사당은 모더니즘 도시인 브라질리아를 가장 잘 표현하는 건물로 꼭 보아야 할 장소다. 28층 높이의 의원 회관을 중심으로 좌우에 두 개의 돔이 있는데, 두 개의 돔 중 받침 접시 모양의 돔(오른쪽)은 하원, 엎어져 있는 접시 모양의 지붕이 있는 돔(왼쪽)은 상원을 의미한다. 하원은 열린 원으로 시민들의 목소리를 들어야 하며, 닫힌 원의 상원은 의원들이 법을 만들 때 심사숙고하라는 의미이다. 그리고 두 개가 합쳐져 완전한 구를 이루듯이 조화롭게 정치하라는 염원도 반영되어 있다.

② 브라질리아 대성당(Catedral Metropolitana Nossa Senhora Aparecida)

니에메예르가 설계한 브라질리아 대성당은 16개의 거대한 콘크리트 기둥이 쌍곡면을 이루며 십자가를 받치고 있는데, 이것은 그리스도가 십자가에 못 박혔을 때 머리에 썼던 가시 면류관을 상징한다. 어두운 지하통로를 지나 성당 내부로 들어가면 환한 빛과 함께 세 명의 대천사(미카엘, 가브리엘, 라파엘)가 철 케이블로 매달려 있어 성당 내부를 날아다니며 방문자를 맞이하는 듯하다.

점심 식사

③ 브라질리아 쇼핑몰(Brasília Shopping)

브라질리아 쇼핑몰은 양 날개 사이 구역에 있어 관광지에서 멀지도 않고 먹을 곳도 많아 점심시간에 들르기 좋다. 근처 추천할 맛집으로는 브라질리아 쇼핑몰 안의 해산물 레스토랑인 코코밤부(Coco Bambu)나 바로 옆의 ID 쇼핑몰에 있는 포르킬로 뷔페 레스토랑 망가이(Mangai), 또는 햄버거 가게 마데로(Madero)가 있다. 식사 후 소화도 시킬 겸 쇼핑몰 안을 걸어 다니며 구경하는 재미도 있다.

오후

④ TV 타워(Torre de TV)

높이 224미터로 브라질리아에서 가장 높은 건축물이다. 도시 계획가 루시우 코스타에 의해 설계되어 1967년에 세워졌다. TV 타워는 엘리베이터를 타고 올라갈 수 있으며 75미터에 위치한 전망대에서 브라질리아의 탁 트인 광경을 감상할 수 있다.

⑤ 돔 보스코 성당(Santuário Dom Bosco)

브라질리아의 수호성인인 돔 보스코 신부를 기념하여 지은 성당이다. 브라질리아에서 가장 아름다운 성당으로 꼽히며, 12가지의 다채로운 푸른색 계열로 이루어진 화려한 스테인드글라스 유리창이 인상적이다. 가운데 천장에는 7,400개의 무라노 유리 조각들로 이루어진 무게 2,700킬로그램짜리 샹들리에가 푸른 스테인드글라스로 비치는 자연광 외 유일한 조명으로 매달려 있다.

* 1883년 이탈리아의 돔 보스코 신부는 꿈에서 남반구 위도 15-20도 사이에 있는 큰 호숫가에서 문명이 매우 번창할 것이라는 신의 계시를 받았다고 한다. 후에 이는 브라질리아에 대한 계시라고 믿어졌으며, 돔 보스코는 이 도시의 수호성인이 되었다.

⑥ 돔 보스코 공원(Parque Ermida Dom Bosco)

면적 48제곱킬로미터의 인공 호수인 파라노아 호수 남쪽에 위치한 공원이다. 브라질리아의 수호성인인 돔 보스코 예배당이 있으며 호수 전경과 함께 눈에 들어오는 브라질리아의 전망이 아름다워 웨딩 사진 촬영지로도 유명하다. 브라질리아 최고의 일몰 포인트로 꼽힌다.

저녁 식사

⑦ 폰탕(Pontão)

다양한 레스토랑, 바 등이 모여 있는 브라질리아의 호수 공원이다. 폰탕 내 추천 식당으로는 브라질 전통 해산물 레스토랑인 만주아(Manzuá)나 스테이크 위주의 음식과 술을 파는 파우스투&마누엘(Fausto&Manoel)이 있다. 식사 후에는 호숫가의 산책로를 따라 걸으며 여유로운 시간을 보낼 수 있다. 특히, 주말에는 요트, 제트스키 등 호수에서 액티비티를 즐기는 사람들이 많아 가까이에서 구경할 수 있을 뿐만 아니라 직접 보트 투어도 할 수 있다.

모두가 나를 '미세스 강'이라 부른다

지금껏 사람들이 나를 부르는 호칭은 간단했다. 딸, 누나, 언니, 안소은, 안 대리, 외국인들이 소은(Soeun)이라는 이름을 발음하지 못해 본명을 조금 바꾸어 지은 쏘에(Soe)라는 이름까지. 그런 나에게 브라질리아에서 새로운 타이틀이 붙었다. 바로 "미세스 강"이다.

아는 사람 하나 없이 브라질로 오면서 처음 인연을 맺게 된 사람들은 남편의 회사 사람들이었다. 그리고 그들은 모두 나를 미세스 강이라 불렀다. 당시의 나는 결혼한 지 1년이 조금 넘은 새댁이었고, 아이도 없었으며, 태어나서 단 한 번도 그렇게 불려본 적이 없었던 터라 이 호칭이 조금 낯설었다. 뿐만 아니라, 그 호칭으로 불리는 순간 왠지 내 소속이 강 씨 성의 남편으로 바뀌는 듯한 착각이 들기도 했다.

왜 사람들은 나를 소은 씨가 아닌, 미세스 강이라 부르는 것일까? 나뿐만이 아니다. 이곳에서는 모두가 서로를 그렇게 부른다. 해외라 외국 문화에 맞춰 부르는 것일지도 모르겠다. 혹은 사람들이 남편으로 인해 나를 인지하게 된 만큼, 누군가의 아내로 규정짓고 편히 기억하고 싶어서일 수도 있겠다. 그리고 무엇보다 이름으로 부르기에는 예의가 없어 보이고 그렇다고 회사처럼 직급이 있는 것도 아니니 그렇게 호칭 정리를 하는 것이 편하다는 이유가 가장 컸지 않았을까 싶다.

그렇게 미세스 강은 내가 가진 또 하나의 이름이 되었다. 이름에는 이상한 힘이 있다. 누군가를 직급으로 부르면 그 사람이 일상에서 업무 모드로 변신하는 것처럼, 나 또한 미세스 강이라고 불리는 순간 신기하게도 누군가의 부인 모드로 바뀌어버렸다.

브라질리아에서 미세스 강이 된 나는 전에는 미처 해보지 못했던 새로운 생활을 하게 되었다. 남편 회사에서 주관하는 바자회를 도왔고, 빈민가에 있는 보육원에 봉사활동을 다녀왔다. 초반에는 남편의 부인으로 사는 것이 내 직업이 된 듯해서 덜컥 겁이 났었다. 나는 이곳에서의 생활에 쉽게 적응했다. 다양한 나이대의 사람들과 함께 하며 전에는 해보지 못했던 일을 하는 것이 신기하면서도 은근히 재밌었다. 그래서 더욱 무서웠다. 누군가의 아내라는 존재감이 내 안에서 점점 커지는 반면, 나의 정체성은 희미해지는 것 같아서. 이러한 불안감은 내가 남편에게 경제적으로 완전히 의존하게 되었다는 것을 자각한 뒤

(위) 국경일 행사에서 친구와 함께 (아래) 2019 U-17 축구 대표팀 조별 예선 경기 응원

더욱 커졌다. 내가 돈을 벌어 마음껏 소비하고 다녔던 직장인이었을 때와 남편에게서 용돈을 받아 생활하는 미세스 강의 생활은 천지차이였다. 남편이 소비에 크게 터치하지는 않지만, 어쨌든 내가 번 돈이 아니니 쓰는 데 괜히 눈치가 보이는 건 사실이었다. 때문에 당시에는 누군가의 아내라는 위치에서 남편에게 의존하며 살아가야 하는 이곳에서의 삶이 너무나도 두려웠다.

나를 놓지 않는 일

아침에는 일어나자마자 남편 도시락을 준비했다. 남편은 다이어트를 하고 있어서 회사에서 간단히 먹을 점심을 원했고, 나는 그를 위해 도시락을 쌌다. 용돈을 받는 것에 이어 휴직 후 출근하는 남편을 위해 도시락을 준비하고 있자니 자존감이 자꾸 떨어졌다. 어쩔 수 없었지만 미세스 강으로 살아가야 하는 이곳에서의 삶을 떠올리니 마음이 답답했다. 내 시간만 홀로 멈춘 것 같았다. 참다못해 이야기를 꺼냈다. 그러자 남편은 내가 그런 생각을 갖고 있었는지 전혀 몰랐다며 깜짝 놀랐다. 오히려 자기 딴에는 내가 본인 때문에 커리어를 잠시 중단하고 브라질까지 따라오게 되어 내게 미안했다고 했다. 남편은 의존한다고 생각하지 말고 서로에게 의지한다는 마음으로 지내자며 다독여줬다. 이곳에서 하고 싶은 것이나 할 수 있는 것들이 있다면 모두 지원할 테니 마음껏 하란다. 서로 속마음을 터놓고 보니 나 또한 그의 부인으로 사는 삶을 그리고 미세스 강이라는 이름을 막연히 두려워한 것이 미안해졌다. 내 삶을 놓지 말라는 남편이 고마웠다.

브라질리아에서 "나"는 운동을 다니고 글을 쓰며 포르투갈어를 배웠다. 여행 계획도 알차게 짰고 이곳에서만 즐길 수 있는 것들을 누리기 위해 남편과 함께 매달 한 번 국내 여행을 떠났다. 동시에 "미세스 강"은 도시락을 쌌고 남편 회사에서 큰 행사가 있어 손이 모자랄 때는 음식 준비를 도왔다. 사실 그렇게까지 큰 행사가 많지도 않았고 솜씨도 부족한 탓에 큰 도움은 되지 못했지만 노련한 사람들에서 직접 보고 배우는 소중한 경험을 할 수 있었다. "미세스 강"은 다른 시대를 살아온 다른 세대의 사람들과 함께 수다 떠는 시간도 좋아했다. 나이 차가 많아 어색할 것 같았지만 막상 어울리고 또래들과는 다른 주제로 이야기를 나누어 보니 더욱 즐거웠다.

"나"는 포르투갈어 공부를 열심히 해서 귀국 전에 브라질 국가 공인 포르투갈어 자격시험인 셀피브라스(Celpe-Bras)의 중고급 등급에도 합격했다. 브라질에서 지낸 시간에 대한 실질적인 결과물이 나오자 그렇게 뿌듯할 수가 없었다. 아직 나를 놓을 일은 없겠구나, 안심이 되었다. 누군가의 가족이 되었지만 내 이름을 잃지 않겠다는 나의 의지에 남편의 응원이 더해지자 나는 미세스 강이라는 이름을 즐기며 내 삶을 살 수 있었다.

엄마와 아빠가 모두 다른가요?

브라질리아에는 한국인이 극히 드물다. 도시에는 정부 기관이 가득하고 기업은 많지 않은 탓에 거주하는 한국인이 백 명이 채 되지 않는다. 때문에 또래의 한국인 친구는 물론 마음이 맞는 사람을 찾는 일도 쉽지 않다. 그런 이곳에 우연히 나와 비슷한 시기에 브라질리아로 온 동갑내기 한국인 친구가 있었다. 서로의 집도 가까웠으며, 결혼은 했지만 아이가 없다는 상황도 같아서 우리는 빠르게 친해졌다. 그녀는 한국어 발음이 어려운 외국인들을 위해 편의상 자신을 원래 이름인 미정의 첫 글자만 따서 '미'라고 소개했다. 그녀의 방식이 내가 외국인들에게 소은을 쏘에라고 잘라 소개하는 것과 비슷해서 더욱 마음에 들었다. 나와 미는 친한 친구들 무리에도 함께 속해 있었다. 모임에서 우리만 한국인이었던 터라, 우리는 친구들보다 항상 먼저 나와 기다리는 것이 일이었다. 늘 어김없이 늦는 다른 친구들의 문화에 신기해하며 동질감이 깊어졌다.

"둘이 자매야?"

그렇게 친해진 이 한국인 친구와 함께 미용실을 갔을 때 들은 질문이다. 워낙 다르게 생겨 한국인이라면 누구도 우리를 자매로 보지 않았을 텐데 동양인이 흔치 않은 이 도시에서 나이도 비슷해 보이는 우리가 함께 가니 자매로 착각한 모양이었다. 실제로 미용실에 가기 얼마 전 시장에서도 채소장수 아저씨가 같은 질문을 했다. 자매가 아니라고 대답하는 우리에게 머리를 해주던 미용사가 나와 미를 번갈아가며 바라보더니 다시 한 번 질문을 던졌다.

"그래? 엄마도 아빠도 다 달라?"

신선한 질문이었다. 언니 동생 사이가 아니라는 말에 어떻게 이런 질문이 이어서 나올 수가 있지? 어쩌면 그녀가 대화를 이어가고 싶다는 생각이 강해서 아무 말이나 내뱉었을지도 모른다. 하지만 그동안 내가 겪었던 브라질을 생각하면 단순히 아무 말은 아니었을 것 같다. 브라질은 우리가 당연하다고 여기던 것들이 당연하지 않은 곳이었다.

처음 포르투갈어 어학원을 간 날, 모든 수업이 늘 그렇듯 첫 시간에는 자기소개를 해야 했다. 선생님이 먼저 가볍게 자신을 소개했다. 이름, 직업 등과 함께 자신은 아직 미혼이며, 아들이 하나 있다고 덧붙였다. 생전 처음 본 학생들에게 너무 사적인 이야기를 한 게 아닌가 싶어 당황해하던 나는 이윽고 다음 친구가 소개하는 도중 또 놀라고 말았다. 우리 중 포르투갈어를 제일 잘해 가장 먼저 말하기 시작한 이 친구는 알고 보니 아버지가 브라질 사람이었다. 아버지가 어머니와 이혼하고 재혼하면서 자기를 데리고 호주로 떠나 자신은 호주 국적의 새어머니와 함께 호주에서 자랐으며, 이복동생이 하나 있단다.

이런 이야기가 처음 본 사람에게 가볍게 하는 자기소개에서 굳이 할 말은 아니라고 생각하는 나를 비웃기라도 하듯, 이러한 가족 이야기는 브라질 생활을 하는 내내 계속해서 듣게 되었다. 들을 때마다 이들에게는 이것이 전혀 무겁지 않은 이야깃거리라는 사실이 새삼스러웠다.

머리를 해주던 미용사가 나와 친구에게 엄마와 아빠가 모두 다른 남이 맞느냐고 가볍게 물어본 것도 비슷한 이유에서다. 설사 우리가 엄마만 같은 자매라고 대답할지라도 본인이 실례되는 질문을 했다고는 생각하지 않는 것이다. 혹여 이런 질문에 상대방이 민감하게 반응하지 않을까 싶어 조심하는 우리와는 분위기가 다르다. 사실, 한국에서는 애초에 자매가 아니라는 말에 이렇게까지 생각하기도 쉽지 않다. 사회 분위기가 다르니 사고방식도 다른 것이다.

브라질은 내가 예민한 주제라고 생각하는 것들에 대해 말하는 사람이나 듣는 사람 그리고 보는 사람 모두가 아무렇지 않게 여기는 세상이었다.

학생증만 있으면 모든 문화생활이 반값

"학생증 만들었어?"

브라질에 거주한 지 얼마 안 됐을 때, 누군가 나에게 물었다. 대학을 졸업한 지 10년이 다 되어 가는데 갑자기 학생증을 만들었냐며 물어보니 당황스러웠다. 외국에서는 내가 동안인가? 사실 조금 기분이 좋기도 했다.

"나 학생 아닌데?"

나를 어리게 봐준 상대에게 감사한 마음을 숨기며 말했다.

"너 어학원 다니잖아. 거기 다니면 만들 수 있어."

아, 학생처럼 보여서 한 말은 아니었구나.

"그래? 근데 굳이 학생증을 만들 필요가 있으려나?"

"브라질에서는 학생증 있으면 50퍼센트 할인된 금액에 영화를 볼 수 있어."

놀라운 정보였다. 가끔 할리우드 영화를 보러 근처 영화관을 가는 나에게는 아주 유용한 정보이기도 했다. 이 얘기를 들자마자 어학원에 물어보니 가능하다고 해서 나는 학생증을 만들었다. 신기하게도 학원은 한 달밖에 등록하지 않았는데 학생증 유효기간은 1년이다.

브라질에서는 학생증을 소지하고 있으면 영화뿐만 아니라 다양한 문화생활을 할 때 혜택을 받을 수 있다. 2013년 새롭게 도입된 법에 의해 브라질 내 모든 학생들은 스포츠 관람을 포함한 콘서트, 전시회, 극장 등을 반값으로 즐길 수 있기 때문이다. 초중고, 대학생뿐만 아니라 학원에서 수업을 받는 이들 또한 모두 학생증을 발급받을 수 있어 다행히 어학원을 다니는 나도 학생증을 만들 수 있었다.

하지만 완성된 학생증에는 내 이름의 철자가 다 틀려 있었다. 다음 해에 다시 발급받았을 때도 마찬가지였다. 학생증을 만들기 위해 제대로 이름이 쓰여 있는 신분증과 서류를 제출했는데도 2년 연속이나 잘못 적으니 놀리는 것인가 싶을 정도다. 심지어 공식적으로 학생증을 발급하는 장소였음에도 그렇다. 황당했지만 미술관 등에서 학생증 확인을 하는 이들이 신분증을 보며 이름을 자세히 대조하는 것도 아니니 그냥 넘기기로 했다. 시간이 지나며 브라질에 익숙해지니 이런 일들을 마주해도 놀랍지도 않았다. 역시 브라질이려니 한다.

어쨌든 학생증을 갖게 된 나는 대부분의 미술관과 박물관에 50퍼센트 할인된 가격으로 입장할 수 있었다. 일반 성인의 반값으로 영화를 볼 수도 있었고 리우데자네이루의 팡지아수카르산(Pão de Açúcar) 케이블카도 반값에 탈 수 있었다. 축구 경기도 마찬가지였다. 브라질 국가대표팀의 친선 경기 또한 거의 절반 가격으로 표를 사서 들어갈 수 있었다. 덕분에 나는 많은 곳들을 다닐 수 있었다. 이런 혜택이 없었으면 이렇게나 다양한 문화생활을 누리지 않았을 것은 확실하다.

전에 내가 학생증 하나로 이렇게 많은 혜택을 받아본 적이 있었나? 생각해보니 한국은 19세 이상이면 성인으로 간주하여 학생 할인을 받을 기회가 많지 않았다. 내가 처음에 브라질에서 학생증을 굳이 왜 만들어야 하냐고 물어봤던 이유다. 30대 중반이 가까워진 지금, 이 먼 곳에서, 나는 생전 처음으로 학생증의 유용함을 느꼈다. 물론 학생증이 내 지갑 안에 꽂혀 있다는 것만으로도 정말 학생이 된 것만 같은 기분은 덤이다.

상파울루로 한식 투어 하러 가자

브라질리아에 살면서 한식이 너무나도 먹고 싶었다. 거기서 유일하게 한식 재료를 살 수 있는 곳은 일본 식품점뿐이었다. 재료는 별로 없었고 가격은 턱없이 비쌌다. 먹고 싶은 음식이 많았던 나는 어느새 어설프지만 혼자 김치를 담그고 양념 치킨을 만들어먹고 있었다. 살면서 직접 김치를 담그리라고는 단 한 번도 상상하지 못했었는데 거기에서는 그걸 했다. 하지만 사 먹을 곳은 없고 직접 만들 수도 없어 더 간절히 생각나는 음식들이 있었다. 특히 곱창과 짜장면. 그래서 결심했다. 상파울루에 한식을 먹으러 가자고.

상파울루는 인구 1,200만이 넘는 중남미 최대의 도시다. 브라질 최대 공업 도시이자 금융 중심지인 상파울루의 중심에는 대형 은행을 비롯한 수많은 고층 건물들이 밀집되어 있다. 처음 마주한 상파울루의 이미지는 서울과 비슷했다. 한 국가의 금융 중심지답게 고층 건물이 빼곡한 잿빛 대도시. 그래서였을

우리의 강남대로와 닮은 상파울루의 파울리스타대로

까? 두 시간의 비행을 마치고 상파울루 공항에 도착하자 정말 서울에 도착한 듯 심장이 요동쳤다. 최애 음식을 먹게 될 생각에 기대감이 차올랐다.

상파울루는 세계 각지의 이민자들이 정착한 도시로도 유명하다. 1870년부터 다양한 국적의 사람들이 이곳으로 모였으며 한국 이민자들도 1960년대부터 정착하며 남미 최대의 한인 사회를 이룩했다. 나는 상파울루를 둘러보기에 앞서 이 거대한 한인 타운이 있는 봉헤치로(Bom Retiro)에서 3일 내내 머무르며 오매불망 그리던 한식만 삼시세끼 먹었다. 짬뽕과 짜장면이 있는 중식당부터 곱창과 양념 갈비 등이 있는 평범한 한국의 회식 장소 같은 식당 그리고 마무리로 갈 수 있는 해장국집까지. 한국처럼 다양한 종류의 식당이 있는 이곳이 천국인가 싶었고, 화룡점정으로 노래방까지 있는 이 거대한 한인 타운의 모습에 감동을 받았다. 한편으로는 내가 너무 시골에서 사는 게 아닐까 하는 자괴감이 들기도 했다.

봉헤치로의 거리는 한글로 가득했다. 오랜만에 보는 한글 간판이었다. 브라질리아에서는 상상조차 할 수 없던 한인마트도 보였다. 빵집과 카페에서는 당연하다는 듯 아이스 아메리카노와 단팥빵, 녹차 케이크를 팔고 있었다. 한 번도 가보지 못한 도시에 왔는데 관광할 생각이 전혀 들지 않았던 건 내 생애 처음이었다. 이곳에서 비로소 우동을 먹기 위해 일본에 간다는

(위) 봉헤치로 한인 타운 전경 (아래) 봉헤치로의 한인 마트

사람들의 마음을 이해할 수 있었다. 한인 마트에 가서는 카트 안에 그동안 먹고 싶었던 떡과 냉동 만두 따위를 쓸어 담았고, 평범한 남의 나라 재료로 한식을 만들 때 필요한 새우젓, 맛술 등을 넣는 것도 잊지 않았다. 이곳은 나에게 더 이상 관광지가 아니었다. 파울리스타대로(Avenida Paulista)는 강남대로였으며 상파울루는 서울이었다.

또 다시 찾은 상파울루

다음 해에는 관광을 위해 상파울루를 다시 찾았다. 도시는 19세기에 급성장한 대도시인 만큼 유서 깊은 관광지는 많지 않았으나 문화생활을 즐기기에는 아주 좋았다. 대도시답게 400개 이상의 박물관과 미술관이 있어 취향에 맞는 곳을 골라 즐기는 재미가 있었다. 우리는 파울리스타대로의 수많은 문화 공간을 찾았고, 이비라푸에라 공원(Parque do Ibirapuera) 안에 있는 미술관들도 하나씩 돌며 다녀보았다. 근교에 있는 엥부 예술 마을(Embu das Artes)에도 다녀왔다. 오랜만에 문화생활을 마음껏 누렸다. 만약 누군가가 상파울루에서 미술관을 하나만 추천해달라고 한다면, 파울리스타대로에 있는 상파울루 미술관은 꼭 가보라고 하고 싶다. 이곳은 독특한 외관의 건

(위) 이비라푸에라 공원 (아래) 엥부 예술 마을 거리 전경

물 안에 수많은 유명 작품들을 소장하고 있어 브라질 내에서도 가장 유명한 미술관이고, 내가 가본 브라질 내 미술관 중 최고였다.

상파울루에는 전 세계에서 온 이민자들이 살고 있는 도시답게 먹거리가 다양하고 소문난 맛집도 많았다. 베트남 쌀국수집도, 중국 딤섬집도 흔하게 보인다. 브라질리아에서는 찾을 수 없는 식당들이어서, 이 음식들이 새삼 새로웠다. 두 번째 방문한 상파울루를 떠나기 전 고향에 가는 기분으로 한인 타운에 다시 들렀다. 브라질에서 한식을 마음껏 먹을 수 있는 유일한 기회를 놓칠 수 없었다.

나도 모르게 상파울루에서 살았다면 어떨지 상상해보게 되었다. 역시 부러웠다. 이곳에 산다면 김치를 직접 담글 일은 없을 텐데. 좋아하는 전시를 찾아다니는 재미도 있을 텐데. 그런 생각도 잠시, 그새 심심하면서도 평화로운 브라질리아가 익숙해졌는지 지평선과 뭉게구름이 환히 보이던 그 도시가 그리워졌다. 상파울루는 대도시였다. 도시는 건물들로 빼곡했고, 사람들로 북적였으며, 교통 체증도 심각했다. 대도시는 한국에서도 충분히 경험했으니 파울리스타(상파울루 시민들을 부르는 말)들을 더 이상 부러워하지 말자고, 결핍이 있어 더욱 매력적인 브라질리아 라이프를 제대로 즐겨보자고 다짐했다.

상파울루 미술관 내외부

Special.

상파울루 1 Day 추천 코스

오전

① SESC 파울리스타(SESC Paulista)

SESC 파울리스타 전망대에서는 파울리스타대로를 비롯한 도시의 전망을 무료로 볼 수 있다. SESC 전망대 방문 후 대로를 거닐며 주변의 고층 건물들을 구경해보자. 거리에는 장미 저택(Casa das Rosas), 한국문화원(CCC), 재팬하우스(Japan House) 등 다양한 공간이 무료로 개방되어 있으니 가볍게 들르는 것도 좋다.

② 상파울루 미술관

상파울루 미술관은 1974년 개관하였으며 그림 및 조각, 사진 등 총 10,000여 점의 작품을 소장하고 있어 남미의 대표 미술관 중 하나로 손꼽힌다. 미술관은 피카소, 르누아르, 고흐, 고갱, 모네 등 중세 이후의 서유럽 회화 컬렉션으로 가장 유명하며, 건물 1층이 기둥만으로 되어 있어 붉은색의 건물 전체가 지면에서 띄워져 있는 듯한 독특한 설계로도 많은 관심을 받았다.

점심 식사

③ 피녜이루(Pinheiro)

서울의 신사동 가로수길을 생각나게 하는 상파울루의 동네 이름이다. 거리가 예쁘고 맛집도 많아 도시의 핫플레이스로 떠올랐다. 이탈리안이나 프렌치 레스토랑 등 다양한 음식점이 많으니 취향에 맞는 곳을 골라 들어가 보자.

오후

④ 이비라푸에라 공원

상파울루의 센트럴파크로 불리는 시민들의 문화 및 휴식 공간이다. 1954년 상파울루시가 세워진 지 400주년을 기념하여 브라질 건축가 오스카르 니에메예르가 설계한 공원이다. 공원 안에는 호수와 조깅 코스를 비롯하여 현대 미술관, 아프리카 미술관 등 각종 문화시설이 있다.

저녁 식사

⑤ 봉헤치로 한인 타운

중남미 최대의 한인 타운으로 지역 상가의 70퍼센트 이상을 한인들이 운영한다. 2010년 공식 한인 타운으로 지정됐다. 다양한 한식집을 비롯해 한인 카페, 한인 마트 등으로 가득하다. 아서원 중식당이 가장 유명하며, 봉헤치로에 있지는 않지만 옆 동네에 한식당 코마(Komah)는 미슐랭 가이드 별점을 받아 브라질 사람들도 많이 찾는다.

한국에서 온 앨리스

시계를 바라본다.

나는 초조한데 사람들은 웃는다.

“따봉!”

나는 안 괜찮은데 사람들은 따봉을 외친다.

또, 웃는다.

옳고 그름의 경계가 사라진다.

어느새 함께 웃는다.

피네이루의 길 거리 벽화.

Chapter 4.

생활자의
추천 여행지

99가지 색의 리우데자네이루

- 리우데자네이루 01

리우데자네이루는 완만한 곡선으로 이루어진 도시다. 도시 곳곳에는 화강암 돌산 봉우리들이 부드럽게 솟아 있고 해안가에는 양 끝이 안쪽으로 굽어진 반달 모양의 해변들이 끝없이 이어져 있다. 햇볕은 뜨겁고 도시는 따뜻하다. 남편은 리우데자네이루를 브라질 내에서 최고의 여행지로 꼽았다. 태어나서 이만큼 아름다운 도시를 본 적이 없단다. 과연 호주 시드니, 이탈리아 나폴리와 더불어 세계 3대 미항이라 불릴 정도로 아름다운 항구를 품은 곳이다.

우리는 이 도시를 2년간 다섯 번 여행했다. 처음에는 브라질 땅을 밟았으니 브라질을 대표하는 관광지이자 신 7대 불가사의 중 하나라는 예수상이 있는 곳을 여행하는 것은 당연하지 않겠느냐는 생각으로 다녀왔다. 그때만 해도 우리는 앞으로 리우를 네 번이나 더 가게 될 줄 상상도 못 했기에 도시의 모든 것들을 보고자 부지런히 움직였다. 코파카바나(Copacabana)

리우데자네이루의 상징 예수상

와 이파네마(Ipanema) 해변에서 하루를 보낸 것은 물론 구아나바라만(Guanabara)의 보트 투어와 현지 여행업체와 함께 하는 시티 투어도 다녀왔다. 리우데자네이루는 도시의 대표 관광지를 돌아다니는 하루 또는 반나절 시티 투어부터 시내 워킹 투어, 해변 워킹 투어, 구아나바라만 보트 투어, 주변 섬 투어 등 투어 종류가 굉장히 많다. 다른 도시에 비해 리우데자네이루에 투어가 유난히 많은 이유는 관광객이 많이 몰리는 곳이기 때문이기도 하지만 브라질에서 치안이 좋지 않기로 소문난 지역이라 가이드와 함께 다녀야 안전하기 때문이기도 하다.

남편과 단둘이 여행하는 동안 이렇게 좋을 수 있나 싶을 정도로 완벽한 날씨가 지속되었다. 샛노란 햇빛이 거리를 환하게 비췄고 우리는 이 아름다운 날씨를 즐기고자 거리에서 자전거를 빌려 해변을 달렸다. 브라질 국내 여행 스타트가 좋았다. 완벽한 휴양이자 여행이었다.

수만 가지의 얼굴을 만나는 곳

몇 개월 후 부모님이 브라질 여행을 오셨다. 당연하게도 리우가 빠진 브라질 여행은 있을 수 없는 일이기에 부모님을 모시고 다시 한 번 리우에 갔다. 멀리서 오신 부모님이 조금이라도 편한 여행을 하시길 바라는 마음에 돈을 더 지불하고 한인 가이드까지 별도로 고용해 개별 차량으로 움직였다. 하지만 안타깝게도 그때는 날씨가 흐려 이전에 봤던 리우의 매력적인 모습을 찾아볼 수가 없었다. 하루 종일 안개가 가득한 잿빛 하늘을 보고 부모님은 리우가 왜 아름답다고 소문난 곳인지 이해하지 못하시는 듯했다. 날씨 때문에 누군가에게는 그토록 황홀했던 도시가 누군가에게는 아무 의미 없는 도시가 되다니 신기했다.

리우의 대표적인 여행지인 예수상과 팡지아수카르산에 올랐는데도 큰 감흥을 받지 못하신 아버지는 파벨라에 가보고 싶어 하셨다. 파벨라는 경사진 언덕 위에 수많은 집들이 촘촘하게 붙어 있는 브라질의 빈민촌이다. 특히 리우데자네이루의 파벨라들은 가까운 도심에 있으면서 그 크기가 방대해 유명하다. 예수상 아래에 있는 산타마르타 파벨라는 마이클 잭슨이 뮤직비디오를 찍으며 알려진 유명한 곳이다. 이로 인해 이곳을 관광하고자 하는 이들이 많아져 가이드를 동반한 투어까지 생겨났다. 하지만 브라질 빈민촌의 대부분은 정부의 손이 닿지 않고 범죄 조직이 장악하고 있어 위험하다. 무기를 소지한 채 거리에서 물품을 갈취하는 이들도 많다. 브라질에 도착하면서부터 파벨라의 위험에 대해 수도 없이 들은 우리는 도전 정신이 투철한 아버지의 희망 사항을 말리느라 진땀을 빼야 했다. 원하는 곳에 끝내 가지 못하신 아버지는 후에 리우데자네이루를

(위) 이파네마 해변 (아래) 코파카바나 해변에서 맥주 한 잔

나쁘지 않았지만 특별히 좋지도 않았던 곳이라고 평했다.

동생도 브라질에 방문한 적이 있다. 아내와 함께 한 달간 남미 여행을 하며 마침 내가 있는 브라질에 들른 것이다. 이로써 남편과 나는 비슷한 루트로 리우데자네이루 관광을 세 번째 하게 되었다. 몇 번 가보았다고 자신감이 붙어서 그냥 다니기로 했다. 이전에 가이드들에게 설명도 충분히 들었고, 길도 제법 익숙해졌기 때문이었다. 치안이 좋지 않기로 소문난 곳은 우버 택시만 타고 다녔다. 예수상에는 매번 투어 차량을 타고 갔지만 이번에는 코파카바나에서부터 출발하는 공식 밴을 타고 갔다. 의외로 편했고 가격도 저렴하여 진작 이렇게 다닐 걸 그랬다며 후회도 했다. 우리는 그동안 가본 곳 중 추천할 만한 장소들만 골라 최고의 코스로만 동생 부부를 데리고 다녔다. 날씨도 좋았고 도시는 여전히 아름다웠다. 하지만 안타깝게도 이전 여행지에서부터 장염에 걸린 동생은 리우데자네이루의 풍경을 즐기지 못했다. 어느 곳을 가도 화장실부터 찾았고 움직이는 것조차 버거워했다. 그렇게 동생에게도 리우는 기억에 남는 곳이 못 되었다.

날씨에 따라, 몸의 컨디션에 따라, 혹은 동행하는 사람에 따라 도시는 수만 가지의 얼굴을 보여줬다. 누구는 이를 보고 3대 미항의 도시답게 눈물겹도록 아름답다고 했고, 어떤 이는 그저 흔한 바닷가 도시 중 하나라고 했다. 남편과 마찬가지로

(위) 리우데자네이루 야경 (아래) 대성당 내부의 스테인드글라스

나 역시 리우데자네이루를 최고의 해안 도시라고 생각하는 파다. 브라질을 떠나기 한 달 전, 리우데자네이루를 다시 한 번 들를 기회가 있었다. 마지막으로 본 리우데자네이루의 모습은 역시나 색달랐고, 부드러웠으며, 아름다웠다.

알고 다니자 : 리우데자네이루

리우데자네이루는 포르투갈어로 '히우지자네이루'라고 발음하며 "1월의 강"이라는 뜻이다. 1502년 1월 리우데자네이루를 처음 발견한 포르투갈인들이 구아나바라만을 강으로 착각하고 '1월에 발견한 강'이라는 뜻으로 부른 것이 유래가 되어 오늘날까지 리우데자네이루라는 이름으로 불리게 되었다.

17세기 후반, 리우데자네이루는 근접 지역인 미나스제라이스에서 금과 다이아몬드가 발견되며 이들을 수출하는 주요 항구로 떠올랐고 1763년 포르투갈의 첫 식민 수도였던 살바도르(Salvador)에 이어 두 번째 수도가 되었다. 이후 이곳은 1808년 나폴레옹 침략을 피해 온 포르투갈 왕실의 피난처 역할을 하며 1822년 브라질 독립, 1889년 브라질 공화국 선포 등 브라질의 주요 역사를 함께 써왔다.

상파울루 다음으로 브라질에서 두 번째로 큰 산업 도시인 리우데자네이루는 브라질의 문화를 선도하는 동시에 신新 세계 7대 불가사의인 예수상 등으로도 유명하여 브라질 관광의 중심지 역할을 하고 있다.

카니발을 준비하자, 삼바 도전기

- 리우데자네이루 02

어릴 적 놀이동산에서 보았던 카니발이 기억난다. 당시 금발의 외국인들이 신나는 삼바 리듬에 맞춰 반짝거리는 옷을 입고 춤을 추며 행진했던 모습이 아직도 눈에 선하다. 그때부터였던 것 같다. 브라질 카니발에 대한 환상을 갖게 된 것이.

카니발은 본래 가톨릭 국가의 풍습으로 사순절(부활 주일 전 40일 동안의 기간, 이 기간 동안 단식을 하거나 고기를 먹지 않는다)이 오기 전 고기를 마음껏 먹고 춤을 추며 즐기던 행사에서 유래되었다. 때문에 매년 브라질뿐만 아니라 가톨릭 신자 수가 많은 남유럽과 중남미 국가 대부분에서 하는 행사지만, 카니발이라고 하면 브라질 리우데자네이루의 카니발이 가장 먼저 떠오른다. 리우 카니발은 화려함과 더불어 규모 또한 압도적이어서 "지상 최대의 축제"라는 별칭까지 붙었다.

브라질에 왔으니 세계인들이 가장 가고 싶어 하는 축제인 리우 카니발은 꼭 한번 가리라 마음먹고 입장권을 알아보았다.

공연 종류와 날짜 및 좌석에 따라 가격이 천차만별이었는데, 나는 그중 가장 저렴한 카니발 마지막 날의 일반 좌석을 샀다.

리우 카니발은 축제인 동시에 리우데자네이루의 삼보드로모(Sambodromo)에서 열리는 화려한 삼바 퍼레이드 경연 대회다. 퍼레이드 종류로는 14개의 삼바 학교가 출전하여 상위 그룹 진출을 목적으로 경쟁하는 '세리에 A그룹 삼바 학교 퍼레이드', 그 상위 그룹인 12개의 삼바 학교가 카니발 우승을 목전에 두고 경쟁하는 '스페셜 그룹 삼바 학교 퍼레이드' 그리고 마지막으로 스페셜 그룹에서 좋은 성적을 거둔 최상위 6개 팀이 앵콜 공연을 하는 '챔피언 퍼레이드'가 있다. 그중 내가 선택한 공연은 '챔피언 퍼레이드'였다. 최종 순위 1위~6위 팀의 공연이기에 실력이 좋을 테니 더 화려하고 수준 높은 공연을 볼 수 있을 것이라는 기대 때문이었다.

진짜 삼바를 출 거야

카니발 기간이 다가오며 나는 리우 카니발 입장권을 사는 것 말고도 한 가지 준비를 더 했다. 바로 삼바를 배우는 일이다. 카니발은 모두가 즐기는 축제다. 함께 있는 사람들이 삼바 리듬에 맞춰 춤을 출 텐데 홀로 삼바를 출 줄 몰라 멀뚱멀뚱 서

화려한 리우 카니발의 모습

있기 싫었다.

삼바를 배우고 싶어 찾아간 댄스 학원에서는 한 커플이 정열적으로 커플 삼바를 추고 있었다. 그런데 문득 의구심이 들었다. 지금 흘러나오는 음악은 분명 삼바 리듬인데, 삼바는 원래 홀로 추는 춤이 아니던가? 물어보니 삼바에는 솔로 댄스와 커플 댄스 모두 있다고 한다. 우리가 매체에서 자주 접한 삼바는 댄서가 화려한 옷을 입고 혼자 골반과 팔을 흔들며 추는 '삼바 누 페(Samba no pé)'다. 하지만 삼바에는 탱고나 살사처럼 커플이 함께 추는 춤인 '삼바 지 가피에이라(Samba de Gafieira)'도 있단다. 삼바 누 페와 기본 스텝은 같지만 팔을 흔드는 대신 손과 팔을 파트너에게 고정시킨 후 마주보고 추는 춤이다.

나는 커플 댄스는 됐고 어렸을 적부터 환상을 품었던 삼바 누 페를 배우고 싶다고 말했다. 그렇게 시작한 수업에서 학생은 나와 어떤 브라질 언니 한 명, 이렇게 두 명뿐이었다. 팔과 골반만 흔들면 되는 거 아니냐고 생각했던 삼바는 직접 춰보니 너무 어려웠다. 함께 배우는 브라질 언니는 타고난 브라질리언의 감각으로 홀로 진도를 쭉쭉 뽑고 있었다. 학생이 단 둘이지만 경쟁심이 생긴 나는 집에서까지 맹연습을 했다.

그런데 이렇게 열심히 배운 것이 무색하게 카니발 때는 삼바를 출 일이 없었다. 내가 찾아갔던 '블로쿠(Bloco)'라고 불리는 길거리 카니발에서는 하필 삼바 음악이 아닌 팝 음악이 흘러나왔고 사람들은 마치 일반 클럽에 온 것마냥 춤을 추었다. 클럽과 다른 점이 있었다면 야외였고, 라이브 음악이었으며, 대부분의 사람들이 아이스박스에 술을 잔뜩 채워 가져왔다는 점 정도였다.

리우 카니발에서도 마찬가지였다. 삼보드로모의 관객석에 앉아 공연을 보기 때문에 춤을 출 일이 없다는 것을 직접 가보고나서야 깨달았다. 흥이 오른 관객들은 술을 마시며 어디선가 가사 집을 받았는지 그걸 보고 함께 노래를 불렀다. 춤을 춰봤자 어깨춤을 추는 정도였다. 그렇게 나의 삼바 도전기는 춤 한 번을 제대로 춰보지도 못한 채 막을 내렸다.

리우데자네이루 삼보드로모에서 오후 아홉 시에 6위 팀부터 나와 시작한 '챔피언 퍼레이드' 공연은 해가 뜰 때까지 계속되었다. 700미터 길이의 삼보드로모를 행진하며 공연하는 시간이 기본적으로 한 팀당 한두 시간씩은 걸렸기 때문이다. 삼바 학교에서 1년 내내 카니발 퍼레이드를 위해 연습하며 준비했다는 공연은 경이로웠고, 각각의 주제로 형형색색 차려입은 무용수들이 삼바를 몇 시간씩 지치지 않고 추는 것이 인상적이었다. 카니발 축제만을 위해 1년 내내 준비한다는 것은 어떤 느낌일까. 감히 짐작할 수 없지만 그들의 열정과 노력의 결과에 관객 모두가 하나 되어 박수를 보냈다.

화려함과 압도적 규모의 리우 카니발

Special.

리우데자네이루 1 Day 추천 코스

오전

① 예수상

해발 710미터의 코르코바도(Corcovado)산 정상에 위치하여 코르코바도로도 불리는 예수상은 1931년 완공된 브라질의 대표 관광지다. 도시를 향해 예수가 양 팔을 벌리고 서 있는 모습은 십자가 모양을 형상화했으며 동시에 평화를 상징한다. 예수상은 높이 38미터, 무게 1,145톤에 달하는 거대한 동상으로 신 7대 불가사의에도 선정되며 리우데자네이루의 랜드 마크로 자리 잡았다.

예수상을 보러 갈 때는 아침 일찍 출발하는 것이 좋다. 오후에는 사람도 많고 역광이라 얼굴에 그늘이 져 사진이 잘 나오지 않기 때문이다. 가는 방법은 크게 두 가지가 있다. 트램을 타고 가는 것과 공식 밴을 타고 가는 것이다. 트램은 코르코바도산 아래에서 탑승하여 예수상 바로 앞까지 한 번에 갈 수 있다는 장점이 있으며, 공식 밴은 산 중턱의 방문 센터(Centro de Visitantes)에서 한번 갈아타긴 해야 하나 정류장이 도시 내에 3곳(Copacabana, Largo do Machado, Barra da Tijuca)이 있어 가까운 곳에서 탑승하여 갈 수 있다는 장점이 있다.

② 대성당(Catedral Metropolitana de São Sebastião)

리우데자네이루의 수호성인인 상 세바스치앙의 이름이 붙은 대성당은 고대 마야 문명의 피라미드를 연상시키는 원뿔 형태의 외관을 갖추고 있다. 좁은 천장을 가득 매우고 있는 십자가 끝으로 벽을 타고 바닥까지 내려오는 직선 4개의 화려한 스테인드글라스로 이루어져 있는 성당 내부는 그 외관만큼이나 독특하다.

③ 셀라론 계단(Escadaria Selarón)

브라질 국기 색인 노란색과 초록색, 파란색을 기반으로 총 2,000개 이상의 타일로 만들어진 계단이다. 리우데자네이루에서 거주하던 칠레 예술가 호르헤 셀라론은 집 앞의 계단을 리모델링하기 위해 버려진 타일을 주워 작업하기 시작했으며 특이하게도 타일을 계속 교체하며 계단을 진화하는 형태로 만들었다. 셀라론의 작업을 돕기 위해 전 세계에서 타일을 기부했기 때문에 각양각색의 타일을 구경할 수 있으며 태극기 타일도 찾아볼 수 있다.

점심 식사

④ 가로타 지 이파네마(Garota de Ipanema) 레스토랑

점심은 이파네마 해변에서 골목 안쪽으로 들어오면 보이는 가로타 지 이파네마 식당을 추천한다. 식당 이름은 브라질을 대표하는 보사노바 곡의 제목으로도 유명하며, 그 유명세만큼이나 맛도 있다. 이곳에서 브라질인들이 사랑하는 우둔살, 피카냐 스테이크를 꼭 먹어보길 바란다.

오후

⑤ 코파카바나 해변

끝이 굽어져 아름다운 해안선과 길이 4킬로미터의 백사장으로 유명한 해변이다. 수많은 호텔, 레스토랑, 바 등이 대서양 연안을 따라 길게 뻗어 있는 해변을 향해 서 있다. 항상 뜨거운 태양과 바다를 즐기는 사람들로 북적거리는 코파카바나는 세계에서 가장 큰 새해맞이 축제(Réveillon)를 하는 곳 중 하나로도 유명하여 연말에 더욱 많은 사람들이 이곳을 찾는다.

⑥ 팡지아수카르

대서양과 접해 있는 구아나바라만 입구에 위치한 돌산이다. 케이블카를 타고 올라가면 그 정상에서 세계 3대 미항이라고 불리는 리우데자네이루 항구의 환상적인 풍경을 감상할 수 있다. 포르투갈어로 '설탕 빵'이라는 뜻을 가진 팡지아수카르는 각설탕 등이 나오는 19세기 전까지 설탕을 산처럼 쌓은 형태로 만

들어 저장했던 모습을 일컫던 이름이다. 당시 이 돌산이 마치 그 설탕의 형태와 닮았다고 해서 팡지아수카르라는 이름이 붙었다. 케이블카는 중간 지점인 우르카 언덕(Morro da Urca)에서 한번 갈아탄 후 최종 지점인 팡지아수카르로 올라가야 한다. 이곳에서는 건너편 예수상이 있는 코르코바도산과 코파카바나 해변 등을 모두 아우르는 풍경을 볼 수 있으며, 일몰 시간에 맞춰 가면 황금빛이 깊어지는 도시를 감상할 수 있다.

저녁 식사

⑦ 우르카(Bar Urca) 또는 마리우스(Marius) 레스토랑

팡지아수카르에서 가까운 식당을 찾는다면 2층의 우르카 식당이 괜찮다. 맛좋은 해산물 레스토랑으로 전망도 좋다. 하지만 식당이 좁고 바다가 보이는 창가 테이블은 몇 개 없어서 그쪽에 앉고 싶다면 예약하고 가는 것이 안전하다. 1층은 바로 운영하고 있으며, 이곳에서 맥주와 안주를 간단히 산 후 바로 앞 바닷가에서 마실 수도 있다. 마리우스 레스토랑은 코파카바나 해변에 있는 스테이크 슈하스카리아다. 고기뿐만 아니라 랍스터를 비롯한 해산물 등 다양한 음식이 있다. 다만 가격이 조금 비싸다.

브라질에서 만나는 이구아수폭포

- 이구아수 01

아껴두었던 이구아수(Iguaçu) 여행을 드디어 떠났다. 설날 연휴 때 브라질에 오겠다고 하신 부모님과 함께 가려고 기다리던 여행이었다. 부모님은 이구아수를 브라질 여행의 하이라이트라고 생각하셨기 때문에 우리는 부모님의 6박 10일 브라질 여행 일정 중 3박 4일을 이구아수에 과감히 투자했다. 브라질 쪽 이구아수폭포와 아르헨티나 쪽 이구아수폭포에 각각 하루씩 온전히 쏟아 여유롭게 즐기기 위해서였다.

포스두이구아수(Foz do Iguaçu)시에 도착한 다음 날, 브라질 이구아수 국립공원 입구에서 입장권을 구매한 후 2층짜리 셔틀버스를 탔다. 바깥과 버스 내부 사이를 막는 창문이 없어 버스가 달리는 내내 기분 좋은 선선한 바람이 들어와 더위를 식혀주었다. 이윽고 버스는 탑승한 대부분의 사람들이 내리는 '폭포 트래킹(Trilha das Cataratas)' 정류장에 멈춰 섰다. 이곳에서 내린 후 바로 앞에 있던 전망대로 홀린 듯 다가섰던 순간을 난 아마도 영원히 잊지 못할 것이다. 수백 개의 폭포가 파노라마처럼 양옆으로 펼쳐져 있었고, 그림 같은 비현실적인 장면이 내 눈앞에 실재한다는 사실을 믿을 수가 없었다. 옆을 보니 남편도, 부모님도 모두 나처럼 입을 벌리고 있었다. 모두가 이 순간을 절대 놓쳐서는 안 된다며 각자 카메라나 핸드폰을 꺼내 수십 장의 사진을 찍었다. 하지만 이후 트래킹 코스를 따라 발걸음을 옮길수록 전망대는 이구아수 관광의 시작점에 불과했다는 사실을 깨달았다. 폭포를 향해 다가설수록 우리는 점점 말을 잃었고, 찰칵찰칵 소리만이 공중에 퍼졌다.

이구아수강의 95퍼센트가 브라질 땅에 있으나 모순적이게도 이구아수폭포의 3분의 2는 아르헨티나 쪽에 있어 브라질 이구아수 국립공원은 아르헨티나에 비해 소박하다. 브라질 이구아수 국립공원은 하나밖에 없는 산책로를 가볍게 걸으며 반나절 만에 모든 관광을 끝낼 수 있다. 브라질 이구아수폭포의 트래킹 코스는 1.2킬로미터로 대부분 평지라 30분 정도면 걸을 수 있는, 전망대에서부터 점점 폭포를 향해 다가가는 코스다. 곳곳에서는 '콰치'라고 하는 너구리과 동물들도 나타나 즐거움을 안겨준다. 길의 끝자락에 다다르면 거대한 폭포를 코앞에서 볼 수 있는 영광을 누릴 수 있다. 우렁찬 물소리와 피부 곳곳에 닿는 차가운 물방울의 감촉 덕에 내가 진정 이구아수에 왔다는 게 실감이 났다.

(위) 브라질 쪽 이구아수 국립공원 (아래) 아르헨티나에서만 볼 수 있는 악마의 목구멍

세상에서 네가 사라진다면

많은 이들이 이구아수를 배경으로 찍은 영화라면 1986년도 영화 〈미션〉을 떠올린다. 이구아수폭포라는 배경뿐만 아니라 로버트 드 니로의 연기와 OST인 '넬라 판타지아'로 더욱 유명한 영화다. 하지만 바닥을 향해 세차게 내려치는 폭포를 바라보고 있자니 내 뇌리에 강렬하게 떠오른 영화는 〈세상에서 고양이가 사라진다면〉이라는 2016년도 일본 영화였다. 영화는 죽음을 앞에 둔 주인공이 그동안 잊고 살았던 관계와 그 추억 그리고 상실에 대한 이야기를 다룬다.

웅장하게 흐르는 폭포에 감탄 섞인 탄성을 내뱉는 동시에, 뜬금없이 이곳에서 영화 주인공의 전 여자 친구가 이구아수폭포의 물방울에 흠뻑 젖어 마음속 깊은 응어리를 고래고래 토하듯 뱉어내던 장면이 생각났다. 비를 맞듯 폭포에서 부서져 날아오는 물방울을 직접 받아보니 어째서 그녀가 생각을 그토록 큰 소리로 외칠 수 있었는지, 다짐을 악에 받친 목소리로 내뱉을 수 있었는지 이해할 수 있었다. 폭포에는 그런 힘이 있었다. 영화에서는 세상에서 무언가가 없어지며 주인공과 그녀와의 추억이 사라진다. 만남부터 이구아수폭포에서 있었던 아팠던 추억 그리고 이별까지 모조리 다. 그렇게 주인공의 인생에서 그녀가 지워진다.

이구아수폭포를 바라보며 그리고 그 영화 내용을 떠올리며 생각한다. 영화에서처럼 너와의 추억이 모두 지워진다면, 그리하여 내 세상에서 네가 완전히 사라진다면 나는 버틸 수 있을까? 너와의 추억을 영화로 만들자면 이구아수폭포 같은 거창한 배경은 아닐 것이다. 아마도 평범한 집 안이 배경이 되겠지. 우리는 에어컨을 두고 그렇게 싸웠다. 항상 에어컨을 끄려는 자와 리모컨을 사수하려는 자로 나뉘었다. 눈치 싸움도 치열했다. 몰래 집 안의 온도를 더 낮추거나 올리기 위해. 그렇게 웃고 싸우며 시간을 보냈고 그렇게 각자의 온도를 서로에게 맞춰갔다.

시작은 신림9동 고시촌의 한 카페였다. 더 정확히 말하자면 다음 카페의 한 스터디 모집 글에서부터였다. 그 글을 보고 마음이 맞은 이들은 어느 토요일 오후에 고시촌의 카페에서 만났다. 그때의 너는 군인이었다. 처음에는 군인이 스터디를 함께 하겠다고 주말마다 고시촌까지 오는 것이 신기했다. 고시생을 직업이라 할 수 있는 나조차 다른 일이 많다는 핑계로 숙제를 몇 번 빠트렸는데 평일에는 부대에서 일하는 네가 언제나 숙제를 빠트리지 않고 챙기는 모습이 왠지 믿음직스러워 보였다.

꿈을 꾸며 정신없이 달려가던 시절, 함께 달려가던 너를 만났다. 내 안에서 싹을 틔운 너는 꿈이 바스러져 엉엉 울던 내 손을 꼭 잡아주었고, 내 인생이 가장 처참했던 때조차 옆을 지키며 무럭무럭 자라났다. 이제는 너무 거대해져버린 네가 내 세상에서 사라진다면, 글쎄, 어떨까.

생각을 발산시키고 깊은 곳에 간직했던 마음을 해방시키는 폭포 앞에서 나는 어느 영화를 떠올리고 동시에 남편의 소중함을 깨닫는다. 내가 지금 폭포를 어떤 마음으로 바라보고 있는지 꿈에도 모른 채 계속 내 손을 잡고 다니며 사진 찍기 좋은 곳에 나를 세워두기 정신없는 남편을 바라보고 있자니 웃음이 나왔다.

알고 다니자 : 이구아수

이구아수폭포는 이구아수강에서 있는 약 275개의 크고 작은 모든 폭포를 총칭한다. 폭포는 너비 2.7킬로미터에 높이는 60미터와 82미터 사이를 넘나든다. 정글 깊숙이 숨어 있던 이구아수폭포는 16세기에 처음 서양에 알려졌으며 1930년대에 국립공원으로 지정되었다.

이구아수폭포는 브라질과 아르헨티나 두 곳 모두에서 관광할 수 있다. 브라질에서는 포스두이구아수시에 있는 브라질 이구아수 국립공원, 아르헨티나에서는 푸에르토이구아수(Puerto Iguazú)시의 아르헨티나 이구아수 국립공원으로 입장한다. 양 국립공원의 면적은 모두 25만 헥타르에 이를 정도로 거대하며 두 국립공원 모두 1980년대에 유네스코 세계자연유산으로 지정되었다.

이구아수에서 악마의 목구멍을 보았다

– 이구아수 02

이구아수폭포를 더 가까이에서 보고 직접 체험할 수 있는 보트 투어는 이구아수 관광의 꽃이다. 보트 투어는 브라질과 아르헨티나 양쪽 모두에서 할 수 있는데, 우리는 철저히 가격만을 비교하여 조금 더 저렴한 아르헨티나 쪽에서 하기로 했다. 그렇게 아르헨티나 이구아수 공원에서 보트 투어를 할 때였다. 보트를 타고 메인 폭포 쪽으로 이동하던 도중 투어 가이드가 확성기를 들고 외쳤다.

"왼쪽을 보세요. 저곳이 브라질 이구아수 공원의 보트 투어 장소입니다."

그렇구나 하며 고개를 끄덕이는 찰나 가이드가 다시 웃으며 덧붙였다.

"아주 후져 보이죠?"

농담이었지만 뼈가 있었다. 정말 브라질과 아르헨티나는 사이가 나쁜 걸까?

아르헨티나에서 즐긴 이구아수 보트 투어

두 국가 사이를 짐작할 만한 사건이 하나 더 있다. 2019년도 코파아메리카(남미 대륙의 축구 선수권 대회) 4강에서 두 나라가 만났을 때였다. 다른 때에 비해 경기는 유독 격했고, 신경전과 몸싸움이 계속되었다. 양 팀은 모두 경쟁이라도 하듯 옐로카드를 차곡차곡 쌓았다. 마침내 브라질이 아르헨티나를 2대 0으로 꺾으며 결승에 진출하자 술집에서 함께 경기를 관람하던 사람들은 브라질이 벌써 우승이라도 한 듯 포효했다. 마치 한국에서 다함께 한일전을 보는 기분이었다.

먼 나라 이웃 나라 아르헨티나

두 나라가 대립한 역사는 1825년으로 거슬러 올라간다. 1811년, 현재의 우루과이 지역인 리오데라플라타 부왕령(스페인이 중남미의 식민지를 지배하기 위하여 만든 제도. 넓은 식민지를 몇 개의 구역으로 나누고 국왕을 대리하여 부왕이 통치하게 했다)의 동부 주는 당시 식민 통치국이었던 스페인에서 독립했으나, 이후 포르투갈령 브라질이 침략해 1821년 시스플라티나주로 병합된 사건이 있었다. 브라질의 통치에 반대하는 시스플라티나주의 주민들은 다시 독립운동을 전개했는데 이때 아르헨티나가 시스플라티나의 독립을 지원하며 브라질과 아르헨티나 간의 전쟁이 일어나 1825년부터 1828년까지 계속되었다. 이후 아르헨티나가 승리하며 시스플라티나주는 결국 독립에 성공했고 신생국인 우루과이가 탄생했다. 그렇게 전쟁은 끝이 났지만 국경이 닿아 있으면서 넓은 영토를 가진 브라질과 아르헨티나가 남미 대륙의 패권을 두고 다투는 라이벌 관계는 계속되었다. 현재까지 이어지고 있는 두 국가 간의 미묘한 긴장은 특히 축구 경기가 있을 때 더욱 두드러진다.

모터보트를 타고 거대한 폭포의 물줄기를 맞으며 지나다니는 투어는 스릴이 넘쳤다. 온몸으로 이구아수를 즐길 수 있었다. 한껏 젖었는데도 또 입수하고 싶은 선객들은 모두가 하나되어 수고하신 선장님께 박수를 치며 "오트라(Otra, 앵콜), 오트라!"를 외쳤다. 신난 선장님은 우리의 기대에 부응하고자 운전대를 잡고 폭포 속으로 몇 번이고 더 들어갔다. 물이 머리끝부터 쏟아져 내렸다. 우비를 입은 사람들도 흠뻑 젖으니 사전에 준비한 것이 아무 소용이 없어진다. 흥에 겨운 우리 보트 뒤로는 브라질 쪽에서 온 보트가 대기하고 있다. 폭포는 국적을 가리지 않고 모두를 받아들인다.

보트 투어를 마치고 선착장에서 바라보는 이구아수강은 고요하다. 그리고 그 안에는 브라질과 아르헨티나의 국경선이 흐르고 있다. 수백 개의 폭포 물줄기까지 안 좋았던 과거를 세차게 씻어내며 가까운 듯 먼 두 국가를 모두 품에 안은 듯하다.

브라질과 아르헨티나를 옆에 둔 이구아수 폭포

Special.

이구아수 2 Days 추천 코스

Day 1

오전

① 브라질 이구아수 국립공원

브라질의 가장 큰 관광지 중 하나답게 브라질의 이구아수 국립공원은 인프라가 훌륭하여 편하게 다닐 수 있다. 본격적인 이구아수 관광은 셔틀버스에서 '폭포 트래킹' 정류장에 내리면 보이는 벨몬드 호텔(Belmond Hotel das Cataratas) 맞은편 전망대에서부터 시작된다. 이곳에서부터 길을 따라 가볍게 걷는 내내 폭포를 볼 수 있는데, 멀리서 보였던 수십 개의 물길이 점점 더 입체적으로 다가오는 것을 느낄 수 있다. 하이라이트는 트래킹 코스의 끝자락인 폭포와 폭포 사이의 철제 다리에 다다랐을 때다. 2단짜리 폭포의 중간에 위치한 다리 위에서는 세차게 부서져 내리는 물줄기들과 그 물이 또다시 반대편으로 거세게 떨어져 내리며 생기는 아름다운 무지개를 코앞에서 볼 수 있다. 다만, 생각보다 폭포의 물방울이 멀리 튀어 얼굴부터 온몸이 골고루 젖게 되니 주의하자.

점심 식사

② 포르투 카노아스(Porto Canoas) 뷔페 레스토랑

트래킹 코스가 끝나 위로 올라오면 오른쪽에 빨간 지붕이 있는 건물이 있다. 그곳에는 간단히 햄버거 등을 사먹을 수 있는 음식점과 포르투 카노아스 뷔페 레스토랑이 있다. 포르투 카노아스 식당은 내부가 넓고 음식 종류도 많아 쾌적하게 점심 식사를 즐길 수 있다. 뷔페임에도 가격이 적당하고 맛까지 좋아 가성비가 훌륭한 식당이다. 식당 테라스에서는 폭포 위쪽의 강이 평화롭게 흘러가는 모습도 볼 수 있다. 식사 후 식당 옆 '마지막' 정류장(Espaço Porto Canoas)에서 다시 버스를 타면 입구로 나올 수 있다.

오후

③ 새 공원(Parque das Aves)

이구아수 국립공원 입구 맞은편에 있어 이구아수 국립공원에 온 김에 새 공원을 함께 방문하면 좋다. 공원 안에서는 1.5킬로미터 길이의 길을 따라 걸으며 1,400여 마리의 새들을 구경할 수 있다. 투카노, 마코앵무새 등 몇몇 진귀한 새들은 직접 그들의 서식지 안에 들어가 아주 가까이에서 관찰할 수 있다.

오전

① 아르헨티나 이구아수 국립공원

시간이 주어진다면 아르헨티나 이구아수 국립공원도 가보자. 275개의 폭포 중 200개가 넘는 폭포가 아르헨티나의 국경 내에 있어 브라질에서는 그 폭포의 전체적인 경관을 맞은편에서 조망할 수 있는 반면, 아르헨티나 이구아수 국립공원에서는 보다 더 가까운 전망 포인트에서 폭포를 구석구석 다양하게 볼 수 있다.

※ 아르헨티나 이구아수 국립공원을 가기 위해서는 국경을 넘고 간단한 입국심사를 받아야 하기 때문에 여권 소지는 필수다. 간혹 여권을 놓고 이구아수를 방문하는 이들도 있으니 잊지 말고 챙겨가자.

② 보트 투어

보트 투어는 브라질 이구아수 국립공원과 아르헨티나 이구아수 국립공원 양쪽 모두에서 즐길 수 있다. 시간을 아끼고 싶다면 브라질 쪽 보트 투어인 마쿠쿠 사파리(Macuco Safari), 비용을 아끼고 싶다면 아르헨티나 쪽 보트 투어인 그란 아벤투라(Gran Aventura)를 할 것을 권장한다.

아르헨티나 이구아수 국립공원의 보트 투어는 공원 입구 쪽에서부터 바로 시작할 수 있어 편리하다. 보트 투어를 하지 않는다면 입구에서부터 600미터짜리 녹색 트레일(Sendero Verde)을 따라 걷거나 센트랄 역(Estación Central)에서 기차를 타고 카타라타스 역(Estación Cataratas)에 다다른 후에야 제대로 된 폭포 관광을 시작할 수 있다.
보트 투어는 지프차를 타고 정글을 탐험하는 것과 보트를 타고 이구아수강을 달려 폭포에 입수하는 것으로 구성되어 있다. 총 3시간이 걸린다.

점심 식사

보트 투어를 마친 후 지프차는 처음 탑승한 곳이 아닌 카타라타스 역 쪽에 세워준다. 이곳에는 식당이 많아 원하는 것을 골라 먹을 수 있다. 푸드 코트처럼 다양한 음식을 파는 곳도 있고 바비큐 뷔페인 포르틴(Fortin) 레스토랑도 있다.

오후

③ 트레킹

브라질과는 달리 걷는 구간이 많고 코스가 여러 개 있어 모든 코스를 구경하기에는 시간이 오래 걸리니 시간이 많지 않다면 코스별 거리, 소요 시간, 난이도, 풍경 등의 변수를 고려한 뒤 몇 개만 선택하여 다니는 것이 좋다. 코스는 크게 악마의 목구멍(Garganta del Diablo) 코스, 높은 트래킹(Circuito Superior) 코스, 낮은 트래킹(Circuito Inferior) 코스로 나뉘는데, 이 중 절대 놓치면 안 되는 코스는 이구아수폭포의 백미인 악마의 목구멍이다. 폭 150미터에 길이 700미터, 20층이 넘는 높이(82미터)의 U자형 폭포인 악마의 목구멍을 바로 위에서 들여다볼

수 있는 곳은 아르헨티나 이구아수 국립공원뿐이다. 악마의 목구멍을 보기 위해서는 기차를 타고 악마의 목구멍 역에서 내린 후 강 위로 1킬로미터가량 이어진 철제 다리를 걸어가야 한다. 돌아올 때도 마찬가지다.

브라질 쪽 트래킹 코스와는 달리 다니는 것이 다소 불편하지만 높은 트래킹 코스(1킬로미터)와 낮은 트래킹 코스(1.7킬로미터)에서 폭포가 떨어지는 모습을 각각 위쪽, 아래쪽에서 볼 수 있어 여러 각도에서 폭포를 볼 수 있다는 장점이 있다.

컬러풀 원더풀 살바도르

– 살바도르 01

현 브라질 문화의 발원지라고도 할 수 있는 살바도르의 구시가지 펠로리뉴(Pelourinho)에 도착했다. 유럽인들과 아프리카 노예들이 정착하며 시작된 도시는 묘하게 쿠바의 아바나를 연상시켰다. 낡았지만 화려한 거리의 모습도, 사람들의 분위기도, 어쩐지 닮았다. 서로 비슷한 역사를 가져서일까? 라틴아메리카에서 가장 오래된 도시 중 하나인 살바도르는 유럽, 아프리카 그리고 원주민 간의 문화가 브라질 내에서 가장 활발하게 한데 섞인 곳이다. 수 세기 동안 함께 지내며 인종뿐만 아니라 음식, 복식, 음악 등이 전반적으로 혼합된 이곳 살바도르에서는 다채로운 문화만큼이나 건물들 또한 화려한 색의 옷을 입고 있다.

살바도르의 구시가지는 브라질의 살아 있는 역사를 품고 있다. 경사지고 울퉁불퉁한 돌바닥 위에는 당시 유럽에서 유행하던 르네상스, 바로크 양식 건물들이 현지 환경에 맞춰 변

형된 채 서 있다. 브라질의 식민 초기 역사를 간직하고 있는 살바도르만에서만 볼 수 있는 독특한 환경이다. 우리는 이색적인 이 거리를 마음껏 구경하며 발길이 닿는 대로 걸어보았다. 마이클 잭슨이 'They don't care about us'라는 노래의 뮤직비디오를 촬영했던 펠로리뉴의 한 광장에서 포즈를 취해보기도 했고 관광 가이드북에 이름이 올라 있지 않은 교회 앞에서 휴식도 취했다. 볼거리가 화려하여 눈이 즐거웠다. 나름 중남미에 대해 많이 안다고 생각했는데 브라질에 오기 전까지는 미처 이 도시의 이름과 매력을 몰랐었다. 이토록 예쁜 도시가 리우에 가려진 채 브라질을 찾은 관광객들에게 그저 스쳐 지나가는 것이 참 아쉬웠다.

재즈처럼 살아 숨 쉬는 도시

오후에는 재즈 공연을 보았다. 매주 토요일 저녁마다 살바도르의 현대 미술관에서 재즈 콘서트가 열린다는 고급 정보를 듣고 일부러 찾아갔다. 미술관 안 해변 쪽 공터에서 진행되는 소규모 재즈 콘서트였는데, 가격도 인당 약 2,500원 정도로 저렴했다. 바다를 등지고 있는 무대 앞에는 의자가 여럿 놓였고, 그 너머에는 관객들이 공연 중 간식거리들을 가볍게 사 먹을 수 있는 포장마차들이 서 있다. 타악기가 유난히 많이 들어간 브라질 스타일의 재즈 공연은 독특했다. 바닷가에서 파도 소리와 함께 듣고 보는 살바도르에서의 소규모 재즈 콘서트는 운치 있고 아름다웠다. 바닷바람은 솔솔 불고 음악은 고요한 듯 신이 난다. 진정한 힐링 타임이었다. 다음 날에는 우연히 걷다 들어간 식당에서 라이브 공연을 또 보았다. 음식을 먹고 있는데 식당에 갑자기 아코디언과 만돌린 그리고 탬버린을 든 3인조가 나타나 라이브로 음악을 연주했다. 생각지도 못한 음악 선물은 입맛을 더욱 돋워주었다. 살바도르는 과연 브라질의 역사와 문화가 살아 숨 쉬는 도시였다.

그렇게 걷고 즐기고 사람들과 마주하며 시간을 보내니 어느덧 이 도시의 거리와 사람들이 익숙해졌다. 물론 그렇다고 도시가 위험하지 않은 것은 아니다. 살바도르 역시 리우처럼 치안이 좋지 않기로 유명하다.

'흑인들의 로마'라는 살바도르에서 흑인들을 마주하고 있자니 내 콩고 친구 페홍이 문득 생각났다. 페홍은 처음 내가 브라질에 와서 어학원에 갔을 때 왕초급반에서 같이 수업을 듣던 친구다. 그의 매형은 브라질로 발령을 받은 외교관이어서, 누나 부부를 따라 고등학생인 그도 브라질에 왔다고 했다. 알루미늄 기술자를 꿈꾸던 그는 브라질에서 대학교를 가려고 포르투갈어를 배우고 있었다. 신기하게도 어학원에는 페홍처럼 유학온

(위) 펠로리뉴 광장 (중간) 해안가 카페 (아래) 현대미술관에서 열린 소규모 재즈 공연

아프리카 친구들이 많았다. 반이 바뀐 후 페홍과는 몇 번 연락을 주고받다가 자연스레 연락이 끊겼다. 시간이 지난 지금, 그가 원하는 대로 학교에는 들어갔는지 그리고 여전히 잘 지내고 있는지 궁금하다.

마지막 날 저녁에는 살바도르의 해안가를 거닐며 도시를 바라보았다. 컴컴한 어둠 속 빛나는 불빛 역시 화려했으며, 넘치도록 아름다웠다.

알고 다니자 : 살바도르

살바도르는 브라질의 첫 식민 수도다. 포르투갈 왕실이 브라질을 보다 효율적으로 통치하기 위해 1548년 토메 지 소우자를 브라질 초대 총독으로 임명하며 건설했다. 대서양 연안에서 브라질의 중간 지역에 위치해 있고 유럽 및 아프리카와 지리적으로도 가까워 살바도르가 수도로 선정되었다. 현재는 바이아(Bahia)주의 주도다.

포르투갈은 마데이라 등 기존 포르투갈의 식민지에서 사용하던 영농 기법을 브라질에 들여와 사탕수수 경작을 대규모로 진행했으며, 이를 위한 노동력을 아프리카에서 데려왔다. 사탕수수 대농장과 제당소를 위시한 설탕 생산과 수출이 활발해지며 살바도르는 빠르게 성장했다. 1763년 리우데자네이루로 수도를 이전하기 전까지 살바도르는 식민 행정 수도 역할을 충실히 하였으며, 아프리카에서 유입된 흑인들과 그 후손들로 인해 오늘날 브라질 속 아프리카 문화의 중심지가 되었다.

브라질 속 아프리카, 살바도르에도 존재하는 인종차별

– 살바도르 02

“브라질에 인종차별이 있어요?”

나의 질문에 백인 포르투갈어 선생님은 없다고 대답했다. 브라질은 아프리카를 제외하고 흑인이 가장 많은 국가며, 다양한 국가에서 온 이민자들이 살고 있어 인종차별이 없다는 것이다. 하지만 브라질에서 지내는 시간이 길어질수록 그 말이 거짓임을 깨달았다. 내가 브라질에 거주하며 본 의사는 모두 백인이었으며, 거리의 노숙자는 대부분 흑인이었다. 브라질에는 엄연히 차별이 존재했다. 브라질 정부 기관의 통계자료에 따르면 실업자의 절반 이상이 흑인과 흑인 혼혈이며, 평균적으로 백인의 월급이 그들의 월급에 비해 82퍼센트 높다고 한다.

최근 살바도르의 은행에서 한 흑인 고객이 경찰에게 폭력을 당해 사람들에게 충격을 안긴 사건이 있었다. 은행 직원은 업무를 보러 간 고객을 무시하며 4시간 동안 기다리게 했고, 고객이 항의하자 은행에서 경찰을 불렀는데 출동한 경찰마저 이 흑인의 목을 조르는 등 폭력을 자행한 사건이었다.

살바도르는 브라질 속 아프리카라고 불리는 도시다. 과거 수많은 아프리카 노예들이 사탕수수 노동을 위해 이곳으로 끌려왔고, 현재는 그 후손들이 거주하고 있어 이곳 인구의 80퍼센트가 흑인 및 흑인 혼혈이다. 하지만 브라질에서 가장 많은 흑인이 거주한다는 살바도르에서조차 인종차별이 있었다. 브라질은 미주 대륙에서 가장 늦은 1888년에 공식적으로 노예제도를 폐지하였지만 피부색에 대한 편견까지 없애진 못했다. 흑인들은 자유와 권리를 얻었지만, 여전히 사회적 편견 속에 육체노동은 그들의 몫이다.

브라질에는 과거 유럽과 아프리카에서 온 이들 말고도 수많은 국가의 이민자들이 정착했다. 특히, 산업화 시기에 이민자들이 급증하였는데 이는 브라질 화가 타르실라 두 아마랄의 그림인 '노동자들(Operários)'에서 잘 드러난다. 그림에는 다른 인종과 색을 지닌 51명의 공장 노동자들의 얼굴이 균등하게 그려져 있으며, 이들 모두의 얼굴에서는 노동 후의 피로감이 엿보인다.

나에게 인종차별은 없다고 말하던 브라질 선생님은 이 그림을 떠올리며 대답했던 것일까? 아직도 많은 브라질 사람들이 브라질은 다인종, 다문화 국가이기 때문에 인종차별이 없다고 믿는다.

Special.

살바도르 1 Day 추천 코스

오전

① 펠로리뉴 역사 지구

1985년 유네스코 세계문화유산으로 지정된 살바도르의 역사 지구다. 유럽의 여느 구시가지에서도 흔히 볼 수 있는 경사지고 좁고 울퉁불퉁한 돌바닥이 있는 지구 안에는 16~18세기에 지은 역사적 건축물들이 가득하다. 형형색색의 높다란 집들과 더불어 수많은 성당, 박물관 등으로 유명한 펠로리뉴는 명실상부 살바도르의 최고 문화 중심지다.

② 상 프란시스쿠 성당(Convento e Igreja de São Francisco)

브라질 바로크 양식의 대표적인 건축물 중 하나로 살바도르의 역사 지구인 펠로리뉴 내에 있다. 일명 '황금 성당'이라고도 불리는 상 프란시스쿠 성당은 천장부터 벽면, 기둥까지

황금으로 가득 덮여 눈부신 내부와 그 화려한 부로 표현된 섬세한 장식들로 방문객들을 압도한다. 성당은 수도원과 함께 있는데 수도원의 안뜰에는 포르투갈에서부터 건너온 55,000개의 타일인 아줄레주가 벽면을 장식하고 있어 관람 포인트가 다양하다.

점심 식사

③ 역사 지구 내 레스토랑

펠로리뉴 안에는 훌륭한 식당이 많다. 그중 추천하자면 포루(Poró) 레스토랑을 꼽겠다. 포루는 훌륭한 맛에 깔끔한 분위기와 라이브 음악까지 더해지며 방문한 이들을 기분 좋게 만드는 식당이다. 바텐더도 있어 칵테일도 추가로 곁들이는 이들이 많다. 카페리에(cafélier)도 괜찮다. 들어서는 입구에서는 고풍스러운 인테리어와 낮잠을 곤히 자고 있는 고양이들이 방문객들을 맞이하는데, 통로를 지나 안쪽으로 들어가면 바다 풍경이 펼쳐진다. 카페리에는 파스타 등 간단한 식사도 할 수 있는 카페지만, 포루에서 식사 후 카페리에에서 커피를 마실 것을 추천한다.

오후

④ 라세르다 엘리베이터(Elevador Lacerda)

1873년 완성된 세계 최초의 공공 엘리베이터다. 라세르다 엘리베이터는 급경사가 있는 살바도르의 서쪽 해안가에 72미터의 높이로 분리되어 있었던 윗 지대와 아랫 지대를 연결해주었다. 대서양을 바라보며 시원하게 뻗어 있는 엘리베이터는 전망대 역할과 더불어 역사 지구가 있는 윗 지대와 시장, 항구가 있는 아랫 지대를 이어주는 주요 교통수단으로 이용되고 있다. 아르데코 양식으로 리모델링되며 살바도르의 랜드 마크가 되었다.

⑤ 모델로 시장(Mercado Modelo)

라세르다 엘리베이터를 타고 내려오면 바로 눈앞에 있는, 100여 년의 역사를 간직한 시장이다. 살바도르 항구 옆에 있으며, 수백 개의 상점이 있어 브라질 북동부의 지역색이 드러나는 수공예품, 장식품, 옷, 향신료 등을 살 수 있다.

⑥ 바하 등대(Farol da Barra)

17세기 산토 안토니오 요새에서 등대로 개조되었다. 오늘날에는 내부에 해양 박물관도 조성되어 있어 입장료를 내면 박물관 관람은 물론 등대 위까지 올라가 볼 수 있다. 근처에는 파롤 다 바하 해변(Praia do Farol da Barra)과 해안 산책로도 있어 많은 이들이 함께 찾으며, 아름다운 일몰 장소로 유명하여 해질 무렵에 특히 인기가 많다.

환상 속의 오아시스

– 렝소이스 01

브라질에서 1순위로 가보고 싶었던 렝소이스 공원을 여행하는 날이 바로 앞으로 다가왔다. 짐을 싸며 후기를 읽어보는데 수영복을 꼭 챙겨가란다. 사막처럼 모래 둔덕이 가득한 곳으로 가는데 수영복과 비치 타월을 챙기라니. 내가 해변을 가는 게 아닌데? 왜일까 싶어 후기를 더 읽어보았다. 렝소이스 공원 투어에는 사막 안의 오아시스에서 수영하는 시간이 포함되어 있었다.

브라질에 있으면서 체득한 사실은 이곳 사람들은 물이 있으면 더러운 호수건 사막이건 가리지 않고 어디든 들어간다는 것이다. 처음 호수에서 수영하는 이들을 봤을 때는 왜 더러워 보이는 물에서 놀고 있는지 이해를 못했다. 그러나 브라질에서 생활하는 시간이 길어지면서 어느새 나도 모르게 계속 시원한 물가를 찾고 있다는 것을 깨달았다. 해변이 없는 내륙 도시에 사는 것이 그렇게 암담할 수가 없었다. 여느 다른 이들처럼 수영할 공간만 있으면 바로 들어가고 싶었다. 너무 더웠다.

날씨는 지역에 따라 다르지만 브라질의 대부분이 열대기후에 속해 있어 일 년 내내 덥다. 내가 살았던 브라질리아도 그렇다. 우기와 건기의 구분만 있을 뿐, 여름과 겨울의 기온 차가 크지 않다. 놀랍게도 오히려 비가 오지 않는 겨울이 더 덥다. 건기 때는 제발 비가 와서 이 더위를 식혀주었으면 하고 매일 바랐다. 목이 타들어갔고 피부는 말라갔다. 뜨거운 태양에 익은 몸을 식힐 수영장이 고팠다.

사막의 오아시스에서 수영하다

북동부의 렝소이스 공원에 갔을 때도 마찬가지였다. 그늘 한 점 없는 곳에서 태양에 달궈져 뜨거워진 모래를 밟으니 어서 빨리 오아시스 쪽으로 가고 싶었다. 땡볕 더위에 청량함이 넘실거리는 투명한 오아시스를 보자 비로소 투어에 수영 시간이 왜 들어 있는지 이해할 수 있었다. 흰모래 사이 오아시스에서 계속 몸을 식히며 쉰 후 이동하니 지치지 않고 돌아다닐 수 있었다. 이곳 사람들에게 오아시스 속 수영은 생존 전략이었을지도 모르겠다.

수천 개의 오아시스가 수놓아져 있는 이곳으로 가는 방법

(위) 라고아 보니타 풍경 (아래) 사막의 오아시스에서 즐기는 수영

은 다양하다. 그중 가장 통상적인 방법은 마라냥(Maranhão)주의 주도인 상루이스(São Luis) 공항에서 차를 타고 바헤이리냐스(Barreirinhas) 마을로 이동 후 그곳에서 투어를 통해 들어가는 것이다. 바헤이리냐스에서 렝소이스 공원으로 가는 길은 울퉁불퉁한 좁은 모랫길과 중간중간 고여 있는 물웅덩이로 매우 험난하다. 때문에 모래 위와 물 위를 달릴 수 있는 전문 차량과 길을 아는 전문가가 필요하며, 그래서 투어를 이용해야 한다. 울창한 정글인 줄 알았는데 고운 모래가 나오고 그러다 다시 정글로 접어들었다. 정글과 사막이 따로 또는 공존하는 렝소이스 지역은 조금 신기했다.

투어 종류도 다양한데, 그중 가장 유명한 투어는 렝소이스 모래 둔덕 사이의 오아시스를 구경하는 라고아 보니타(Lagoa Bonita) 투어와 라고아 아줄(Lagoa Azul) 투어다. 투어는 모두 오아시스 몇몇을 돌아보며 자연적으로 형성된 이 투명한 수영장에서 노는 것으로 구성된다. 시간은 오전이나 오후 중 선택할 수 있으며, 오후 시간대에는 일몰 구경도 함께 할 수 있어 인기가 많다. 이 외에도 렝소이스 사막의 모든 풍경을 하늘 위에서 한눈에 담을 수 있는 경비행기 투어나 거친 모래 언덕과 물웅덩이 위를 직접 운전하며 달리는 사륜바이크(ATV) 투어 등이 있다.

첫날, 예정된 라고아 보니타 투어 시간이 다가오자 우리는 후기에서 본 대로 옷 안에 수영복을 입고 비치 타월을 챙겨 차량을 기다렸다. 숙소 앞에서 처음 맞이하는 사막용 투어 차량의 모양은 너무나 신기했다. 운전석 뒤에는 천장과 바닥만 막혀 있었고 일자형 벤치가 네 개 놓여 있었다. 옆이 훤히 뚫려 있어 약간 무서워 보이던 차량은 모랫길을 달리고 물웅덩이에 수차례 빠진 뒤에야 정글 속 오아시스에 도착했다. 처음에는 다 왔다는 사실을 믿지 못했다. 울창한 나무들로 둘러싸인 오아시스가 사진에서 보던 사막 풍경과는 너무 달랐기 때문이다.

이 정글 속에서 가이드는 신발을 벗고 이동하자고 했다. 그리고선 우리를 아주 가파른 언덕 아래로 데려갔다. 저 위로 올라가야 한단다. 우리는 일렬로 서서 그곳에 설치된 밧줄을 잡고, 밀가루처럼 고운 모래를 맨발로 밟으며 언덕을 부지런히 올라갔다. 드디어 정상에 다다랐을 때 내 눈에는 지금껏 보았던 것과는 다른 풍경이 보였다. 오아시스가 가득한 신비로운 사막이었다. 이곳이야말로 다른 행성이 아닐까? 실제로 렝소이스는 영화 〈어벤져스〉에 나오는 보르미르 행성 장면을 촬영한 곳이기도 하다. 세상에 이렇게나 멋진 사막이 있었다니 놀라웠고 왜 지금껏 우유니 소금 사막만 알려져 있었는지 의아하기도 했다. 영화 속 특수 효과는 사라졌지만 이곳은 여전히 마법 같은 공간이었다.

사막에서 비치 타월을 꺼내고 젖은 수영복 차림으로 아무

라고아 보니타의 아름다운 일몰

렇지 않게 모래를 밟고 다니는 사람들이라니, 이곳에 오지 않았더라면 절대 상상할 수 없는 장면이다. 어느덧 나 또한 그 신기한 사람들의 일부가 되었다. 내가 사막에서 수영을 하고 있어! 아무것도 없는 황량한 사막 한가운데서 몸을 담그고 있자니 즐거웠고 왠지 마음도 평온해졌다. 모든 번뇌가 모래바람과 함께 날아가 고요함만이 오아시스와 함께 머무는 듯했다.

투어를 같이 하는 일행들도 이 시간이 좋았는지 다음 장소로 가자고 재촉하는 가이드에게 이곳에서 더 머물자며 칭얼거렸다. 그러나 우리의 가이드는 꿋꿋이 본인에게 주어진 역할에 충실했다. 저쪽에 더 좋은 오아시스가 있다며 사람들을 다독였다. 그렇게 우리는 사막을 걷고 오아시스에서 수영을 하고 다시 모래 위를 걷고 또 수영하는 것을 반복하는 투어를 마친 후 숙소로 돌아왔다. 모래를 잔뜩 묻히고 물에 젖어 돌아온 우리는 영락없이 해변에서 수영을 마치고 돌아온 이들의 모습이었다.

사막에서 오아시스 찾기

알고 다니자 : 렝소이스 마라녠세스 국립공원

브라질에는 렝소이스라는 지명을 가진 곳이 두 곳이 있다. 때문에 마라냥주의 렝소이스 공원을 렝소이스 마라녠세스라고 부르며 그 둘을 구분한다. 렝소이스 마라녠세스 국립공원(Parque Nacional dos Lençóis Maranhenses)은 침대보처럼 부드러운 하얀 모래 둔덕 사이사이에 투명한 오아시스 수천여 개가 고여 있는 절경으로 마라냥주 최고의 관광지로 꼽힌다. 언뜻 보면 사막처럼 보이는 이곳은 엄밀히 말하면 사막이 아니다. 연평균 강수량 250밀리미터 이하여야 사막으로 분류되는데, 이곳의 연평균 강수량은 1600밀리미터이다.

이곳의 땅은 모래와 그 아래에 물을 흡수하지 않는 점토층으로 이루어져 있는데, 거기에 사막에서보다 7배 많은 강수량이 합쳐져 대단한 절경을 만들어낸다. 이 자연경관을 제대로 보기 위해서는 여행 시기가 매우 중요하다. 우기(1월~6월)가 끝나가는 6월과 끝난 직후인 7월, 8월이 렝소이스 마라녠세스를 여행하기에 최적의 시기이다. 건기(7월~12월)에는 오아시스의 물이 점차 증발하며 점차 고운 모래만이 휘날리는 황량한 사막처럼 보이기 때문이다.

렝소이스 마라녠세스 국립공원은 155,000헥타르의 넓이 안에 초원인 세라도(Cerrado), 열대우림인 아마존(Amazon), 반(半)건조 지역인 카팅가(Caatinga) 등 세 가지의 생물군계를 품고 있다. 때문에 홍따오기, 긴꼬리수달 등 멸종 위기의 동물들뿐 아니라 다양한 종의 식물, 새, 파충류 등이 살고 있어 에코 투어리스트들에게도 인기가 좋다.

여행 취향 좀 존중해주세요

- 렝소이스 02

렝소이스에서 하루가 비었다. 이 하루를 두고 나와 남편은 치열하게 공방을 벌였다. 서로 원하는 바가 극명하게 갈렸기 때문이었다. 나는 사륜바이크 투어를 하고 싶었으나 남편은 보트를 타고 싶어 했다. 남편은 보트 투어에도 바이크를 타는 시간이 30분 있다며 나를 설득했다. 나는 그 투어에서는 바이크를 사막이 아닌 평지에서 짧게 달릴 뿐이라며 바이크 투어는 사막에서 사륜바이크를 직접 운전할 수 있는 어마어마한 기회라고 주장했다. 결국 나의 강력한 의견에 남편은 져주었고 우리는 원 없이 바이크를 타게 되었다.

투어는 오전 아홉 시에 시작해서 오후 여섯 시에 끝난다고 했다. 하루 종일 바이크를 탄다니, 나는 설레는 마음을 감출 수가 없었다. 둘이 함께 탈 수도 있다고 하여 우리는 돈을 아끼려고 바이크 한 대만 예약했다. 투어 당일, 우리는 오전 집합 시간에 맞춰 집결 장소에 도착했고 가이드는 당연하다는 듯 남편만을 붙잡고 바이크 운전법을 알려줬다. 타고 싶어 한 건 나였는데 아무렇지 않게 나를 패스하다니, 어이가 없었다. 하지만 나까지 배우고 싶다고 말하기에는 시간이 촉박해 보여 할 수 없이 갈 때는 남편이, 올 때는 내가 운전하기로 합의를 보고 화를 겨우 가라앉혔다.

드디어 투어가 시작되었다. 투어를 신청한 이들이 바이크를 타고 한 줄로 섰고 맨 앞과 맨 뒤에 가이드가 한두 명씩 붙었다. 우리는 줄의 중간쯤에 자리 잡고 일행을 따라 차도를 달리다 방향을 틀어 정글로 들어섰다. 들어서자마자 이 지역 특유의 모랫길과 수많은 물웅덩이들이 우리를 맞이했고, 바이크는 끊임없이 들썩거렸다. 길이 마냥 평평하리라고는 생각하지 않았지만 의외로 험난해서, 투어가 시작한 지 한 시간도 되지 않아 남편은 벌써 질린 기색이었다. 그는 무릎까지 오는 물웅덩이를 건너며 바이크가 옆으로 기울 때마다 무서워했다. 결국 남편은 더는 운전할 수 없다며 손을 들었다. 안타깝게도 나는 아직 바이크를 타는 방법을 배우지 못했으니 우리는 가이드 뒤에 나눠 앉아 이동해야 했다. 나는 맨 앞의 가이드와, 남편은 맨 끝의 가이드와 함께 투어를 계속했다. 어느덧 정글이 지나고 작은 렝소이스 사막을 건너 바닷가에 다다랐다. 그렇게 시작한 지 네 시간이 다 되어서야 점심시간이 찾아왔다. 이제 겨우 투어 절반이 지났다.

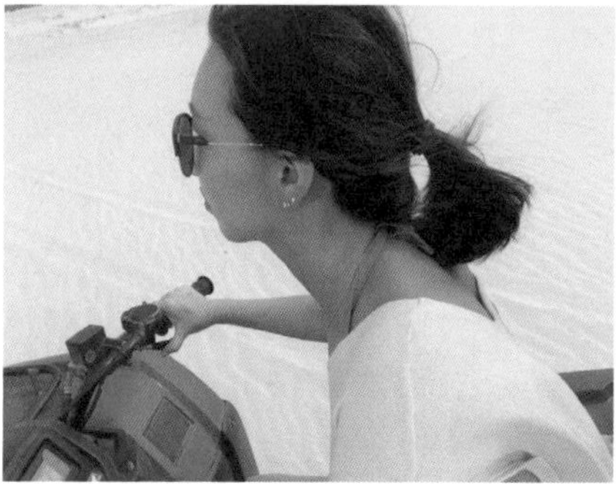

렝소이스 사막에서 즐긴 사륜바이크 투어

점심을 먹은 후 나는 고대하던 바이크 타는 법을 배웠다. 돌아오는 길에 드디어 운전대를 잡게 된 나는 너무나도 신이 났고 내 뒤에 앉은 남편도 진작 이렇게 했어야 했다며 함께 좋아했다. 윈윈이었다. 신나게 해변을 달린 후 다시 사막 구간에 진입하는데 가이드가 갑자기 다가오더니 우리한테 자리를 바꾸라고 했다. 이곳은 내가 운전하기에 위험한 구간이란다. 내가 무서움도 덜 타고 운전도 더 잘하는데? 그럼에도 불구하고 남자가 운전하는 것이 더 안전하다는 가이드의 구시대적 발상에 웃음이 나왔다. 하지만 가이드가 나름 안전을 우선시한다며 꺼낸 말에 토를 달 수는 없어 우리는 할 수 없이 자리를 바꿨다. 얼마 후 남편은 다시 운전을 못하겠다고 했다. 옆이 낭떠러지같이 보이는 높은 모래 둔덕에 공포를 느낀 탓이다. 가이드 몰래 우리는 자리를 바꿨고, 곧잘 가는 우리의 모습에 가이드도 더 이상 별말을 하지 않았다.

남편이 격한 액티비티를 무서워하고 싫어한다는 사실을 나는 이때 제대로 깨달았다. 여행할 때 미술관에 가는 것이 가장 즐겁다고 했을 때부터 알아봤어야 했는데……, 정말이지 렝소이스에서는 생각지도 못한 남편의 반응에 깜짝 놀랐다. 자기도 전에는 사륜바이크를 타본 적이 없어서 자신이 이렇게까지 무서워할 줄 몰랐단다. 이럴 줄 알았으면 남편 소원대로 편안하게 보트나 탈 걸 너무 내가 하고 싶은 것만을 고집했구나 싶어 미안했다. 이렇게 한번 된통 당한 뒤로 남편은 액티비티 이야기만 나오면 질색을 했다. 미술관과 맛집을 좋아하는 그의 여행 취향과 활동적인 것을 좋아하는 나의 취향은 극과 극이었다. 그렇게 우리는 서로를 알아가는 여행을 그리고 또 서로 맞춰가는 여행을 계속하고 있다.

사륜바이크 투어 중 갈증 해소엔 과라나

Special.

렝소이스 마라녠세스 1 Day 추천 코스

오전

① 라고아 아줄

짙은 푸른색의 오아시스로 '푸른 호수'라는 뜻을 지니고 있다. 라고아 아줄을 보기 위해서는 바헤이리냐스에서 투어 차량을 타고 열대우림 사이의 모랫길을 약 30분가량 이동해야 한다. 투어에서는 라고아 아줄을 포함한 다양한 오아시스들을 구경하고 수영하며 놀 수 있으며, 한 오아시스 당 20~30분의 시간이 주어진다. 라고아 아줄 투어에서는 보이는 오아시스들이 아주 커서 마치 강 같기도 하다.

점심 식사

오전 투어를 마치고 오후 투어가 시작되기 전까지는 여유 시간이 많지 않다. 투어는 모두 숙소로 데려다주고 숙소로 다시 데리러 오기 때문에 점심은 숙소 근처에서 해결하는 것이 좋다.

오후

② 라고아 보니타

'예쁜 호수'라는 뜻이다. 이름처럼 예쁜 호수를 품고 있는 이 사막 안의 투어 또한 라고아 아줄 투어와 마찬가지로 모래 둔덕 사이의 몇몇 오아시스를 구경하고 수영하며 즐기는 것으로 구성되어 있다. 하지만 비교적 먼 거리에 있어 바헤이리냐스에서 투어 차량으로 1시간 정도 걸린다. 주변보다 높은 지대에서 렝소이스 마라녠세스의 아름다운 경관을 한눈에 담을 수 있어 대표적인 투어로 꼽힌다. 오후 투어에서는 일몰을 감상할 수 있는데 사막에서 해가 저무는 모습을 바라보는 시간을 꼭 놓치지 말길 바란다.

※ 경비행기를 타고 하늘 위에서 사막을 구경하는 투어나 강을 지나 카부레(Caburé) 해변까지 가는 보트 투어, 페케노스 렝소이스(Pequenos Lençóis)를 달리는 사륜바이크 투어 등도 있으니 참고 바란다.

라고아 보나타 사막 풍경

바람

삶을 잠시 멈추고,

낯선 환경에서의 쉼 속
깨닫게 되는 진실이 하나라도 있다면.

그리하여 다시 꿈을 꿀 수 있다면.

Chapter 5.

생활자의
이색 여행지

과거에서 온 오루프레투

- 오루프레투 01

국토 면적이 세계 5위인 브라질에는 근사한 여행지가 참 많다. 그래서 나는 브라질 여행을 조금이라도 다녀본 사람을 만나면 항상 "브라질에서 어디가 가장 좋았어요?"를 물어봤고, 오루프레투는 내가 들었던 최초의 대답이었다. 처음으로 이 질문에 답했던 지인은 오루프레투의 부유했던 과거와 적막한 현재 모습의 간극에서 오는 독특한 분위기가 좋았다고 했다. 도시는 17세기 말, 금광이 발견되며 황금기를 구가했으나 18세기 중반부터 금이 소진되며 쇠락한 곳으로 유명하다. 그래서 오루프레투에서는 옛 영광의 흔적에 감탄이 터지는 한편 쓸쓸함이 느껴진단다. 이곳으로 여행을 떠날 이유는 충분했다.

오루프레투에는 공항이 없다. 때문에 오루프레투에 가기 위해서는 미나스제라이스주의 주도인 벨루오리존치(Belo Horizote) 공항에서 차량으로 약 1시간 30분을 이동해야 한다. 100킬로미터를 어떻게 이동할까 고민하던 우리는 브라질에서 처음으로 차를 빌려보기로 했다. 렌터카를 타고 오루프레투로 가는 길은 굉장히 험난했다. 직접 운전해서 더 그렇게 느껴졌는지도 모르겠다. 답답하게도 길은 차선이 하나뿐이었고 산악 지대임에도 터널은 몇 없어 계속 꼬불꼬불 힘겹게 산을 넘으며 가야 했다. 어서 빨리 이 위험한 길을 벗어나 날이 어두워지기 전에 도착하고 싶었다. 하지만 안타깝게도 커브가 끝없이 이어지는 하나뿐인 길에서 계속 느리게 가는 차량을 마주쳤다. 그렇게 마주친 큰 화물 트럭 뒤를 따라갈 때였다. 커브가 반복되며 시야가 확보되지 않아 트럭의 꽁지만 쫓아가던 중 기회를 발견했다. 이때다 싶어 잽싸게 추월하러 반대 차선으로 이동했으나, 그곳에선 갑자기 또 다른 화물 트럭이 나타났다. 우리를 향해 맹렬하게 달려오는 트럭을 보니 가슴이 철렁했다. 지금 가는 이 길이 오루프레투로 가는 길인지 황천길인지 분간이 안 갔다. 식은땀이 흘렀다.

힘겨운 사투를 벌이던 중 언뜻 마을이 보였다. 구불구불한 길이 마을 쪽으로 가까워지니 붉은색의 지붕들이 비로소 나타난다. 포르투갈 식민 시대의 자취가 가장 많이 남아 있다는 오루프레투는 이토록 깊숙이 숨어 있다. 맑은 산 내음을 내뿜는 높은 산봉우리들과 잘 보존된 식민지 시대 양식 건물들이 함께 어우러져 있는 도시의 풍경은 환상적이다. 어렵게 도착한 장소라 그런지 더더욱 오루프레투에 대한 감회가 남달랐다.

오루프레투는 에스피냐수(Espinhaço)산맥에 자리 잡고 있는 작은 도시다. 때문에 도로에 굴곡이 많고 좁아 이동이 번거롭다. 난 조리 슬리퍼를 신은 채 골목 사이를 걸어다녔는데 운동화를 가져올 걸 하고 후회했다. 시내는 박물관과 성당 등의 관광지를 포함하여 기념품 가게, 숙소, 레스토랑 등으로 가득 차 있다. 금광 고갈 후 도시가 급격히 쇠락했기 때문에 아이러니하게도 식민지 시대의 도시 정경이 매우 잘 보존되어 있어 구경할 것이 많다.

더 이상 금을 생산하지 못하는 광산은 관광 투어를 운영하고 있다. 이 지역에서만 할 수 있는 이색 체험을 하고 싶었던 우리는 광산 투어를 찾았다. 금광 관련 설명을 듣고 가이드를 따라 직접 광산 안으로 들어가 함께 걸으며 관광하는 코스였다. 좁은 광산 안에서 이제는 황량해진 금 광맥의 흔적을 바라보며 18세기 브라질의 황금기가 어떻게 이루어졌는지를 어렴풋이나마 상상해볼 수 있었다.

산속 마을에서 공중에 허무하게 흩어져버린 부의 발자취를 쫓는다. 도시 안에 넘치도록 많았던 금의 흔적을 광산에서, 성당에서, 거리에서 찾아본다. 그리고 이를 바라보며 지금이 도시의 황금기였던 17세기 말~18세기 초였다면 이곳이 어땠을지 상상한다.

(위) 상프란시스쿠 지 아시스 성당에서 본 벼룩시장 (아래) 오루프레투 주택가 비탈길

봄을 기다리다

오루프레투는 산골짜기 사이에 있는 작은 도시였다. 가는 길 위에서 저 멀리 바라보고 있자니 산봉우리라는 꽃잎들 속에 숨겨져 있는 신비한 마을 같기도 했다. 꽃잎이 피었다 오므리기를 반복하듯 도시도 활짝 피었다 졌다가, 또다시 피어나기를 기다리는 듯한 착각이 들었다.

나는 누구에게나 봄이 온다는 말을 믿었다. 그 겨울, 어떤 것을 이루는 것이 전부라고 생각했고, 곧 따뜻한 날이 올 것이라 믿고 순진하게 그날을 준비했다. 꿈을 좇아 계절을 달리며 봄이 오기만을 기다렸으며, 조만간 흐드러지게 꽃이 필 것이라 꿈꾸며 시린 겨울을 견뎠다. 기다림의 시간은 길었고 마음은 괴로웠다. 오지 않는 봄을 탓하며 남 몰래 원망도 해보았다. 가뜩이나 매서운 겨울바람이 나에게만 유난히도 모진 듯했다.

더 이상 버티지 못한 나는 결국 이 길을 걷지 않겠다며 두 손을 들었다. 쉬운 결심은 아니었다. 이미 걸음에 관성이 붙어 계속 같은 길을 가는 것이 마치 나의 "일"인 듯했기에, 가던 발걸음을 세우는 데에는 큰 용기가 필요했다. 하던 일을 멈추는 것은 새로운 일을 시작하는 것보다 더 어려웠다. 내가 그토록 가고자 했던 길이 나에게는 열리지 않았다는 사실을 받아들이기도 쉽지 않았다.

시간이 지나자 자연스레 깨달았다. 누구나 같은 길에서 봄을 만나는 것은 아니라는 사실을. 특별한 사람들에게만 찾아오는 것 같던 봄은 사실 누구나 만날 수 있다는 믿음을. 그리고 내가 진정 봄을 만나고자 한다면 봄과 마주할 나의 길을 계속해서 찾아야 한다는 것을.

이번에는 따뜻한 브라질로 향했다. 지금까지 몇 개의 길을 걸었고 몇 번을 멈춰섰는지 모르겠다. 모처럼 기회가 온 것에 감사해하며 이 평화로운 세상 속에서 내 안의 파랑새가 튀어나와 내가 가야 할 길을 안내하기를 바랐다. 마음의 여유가 생기자 그동안 수고했다고 토닥이며 나 자신을 챙겼다. 시간의 여유가 생기자 어렸을 적 꿈을 떠올리기에 이르렀다.

내 어렸을 적 꿈은 동화 작가였다. 수채화처럼 아름다운 이야기를 쓰는 직업을 동경했었다. 피아니스트를 꿈꿨던 적도 있었고, 드라마 〈올인〉을 보고 호텔리어가 되고 싶었던 때도 있었다. 그렇게 여러 꿈을 꾸었으나 이 모든 것들을 잊은 지 오래인 지금에 이르렀다. 브라질의 따사로운 여유 속에서 오래 전 잊었던 꿈들이 떠올랐다. 살랑거리는 바람에 흐린 구름이 서서히 걷히며 시야가 넓어지자 여러 개의 길이 보였다. 지금 걷는 이 길에서는 꼭 봄을 만날 수 있기를 바라며 발걸음을 옮긴다.

5월의 오루프레투는 의외로 쌀쌀했다. 밤이 되면 더욱 추워져서 오들오들 떨며 잠을 자야 했다. 이곳에 봄이 왔을 때,

따뜻해졌을 때, 그때 다시 한 번 와보고 싶다.

알고 다니자 : 오루프레투

검은 황금의 도시, 오루프레투의 역사는 17세기 말 미나스제라이스 주변에서 금광이 발견되며 시작되었다. 금광이 발견되자 엄청난 광산 개발 붐이 일어났고 당시 미나스제라이스주의 중심지였던 오루프레투는 아메리카 대륙에서 가장 번성한 도시가 되었다. 포르투갈은 미나스제라이스로 아프리카 노예와 유럽 상인들을 보냈으며, 도시는 대규모의 공공건물, 집, 가게, 바로크식과 로코코식 교회 등으로 아름답게 꾸며졌다. '부촌'이라는 뜻을 가진 '빌라 히카(Vila Rica)'라는 오루프레투의 옛 이름은 당시 이곳에 사람과 돈이 얼마나 많이 모였는지를 간접적으로 입증한다.

황금기는 길지 않았다. 18세기 중반, 금이 점차 소진되기 시작하며 세수가 감소하자 도시 관리들의 부정부패를 의심한 포르투갈 왕정은 식민지법을 강화하고 세금을 올렸다. 이에 반발한 브라질 식민지 엘리트들은 브라질 최초의 독립운동이라 불리는 미나스제라이스주의 독립운동를 계획했다. 치라덴치스를 포함한 6명이 주도한 브라질 최초의 독립운동은 실패로 끝났고 치라덴치스는 1792년 4월 21일 참형에 처해졌다.

금광 개발이 끝나며 미나스제리아스의 중심지였던 오루프레투는 점차 쇠퇴했으며, 결국 주도의 지위를 1897년 벨로오리존치(Belo Horizonte)에 넘겨줬다. 도시는 역사 속에 머물며 1980년 브라질 도시 중 최초로 유네스코 세계문화유산에 등록되었다.

에스프레소 한 잔의 행복

- 오루프레투 02

나에게 커피로 하루를 시작하는 것은 선택이 아닌 필수다. 커피를 마시지 않으면 두통을 겪기도 한다. 언젠가 해독 주스 다이어트를 시도했을 때도 다름 아닌 커피 때문에 닷새를 끝내 채우지 못하고 무너졌다. 이런 만큼 내가 브라질에 오게 되며 가장 기대했던 것 중 하나는 커피였다. 전 세계 커피 생산량 1위라는 현지 브라질 커피의 맛은 어떨까?

그러나 그 화려한 수식어가 무색하게 막상 맛본 브라질 커피는 다소 실망스러웠다. 저지대에서 대량으로 수확해 건조한 커피콩은 산미가 덜했고 특별한 향과 맛이 없었다. 그때서야 브라질 커피가 왜 블랜딩용으로 유명한지를 이해할 수 있었다. 그렇게 브라질 커피에 대한 실망감이 커져갈 무렵 유독 내 입맛에 맞는 커피를 발견했다. 상파울루, 이스피리투산투(Espírito Santo) 등과 함께 브라질의 대표적인 커피 생산지로 꼽히는 미나스제라이스 지역의 커피다. 특히, 미나스제라이스 남부 지역에서 재배한 옐로우 버번 품종의 원두는 다른 커피에 비해 더 부드럽고 고소한 풍미가 있어 좋았다.

현재 세계 커피의 약 35퍼센트, 아라비카 커피의 거의 절반을 공급하고 있는 브라질 커피에는 드라마틱한 역사가 있다. 18세기 초만 해도 브라질은 커피를 생산하지 못하고 있었다. 당시 커피의 생산과 교역권을 갖고 있던 프랑스와 네덜란드가 커피 묘목과 원두 반출을 금지하며 엄격히 감시했기 때문이다. 그러던 중 브라질에게 프랑스의 커피 생산지인 기아나를 공식적으로 방문할 기회가 생겼다. 1727년 프랑스령 기아나와 네덜란드령의 수리남 사이에 영토 분쟁이 발생하며 브라질이 중재를 목적으로 특별 사절단을 파견하게 된 것이었다. 이때 파견된 브라질의 육군 대위 팔레타는 커피나무를 가져오기 위해 기아나 총독 부인의 마음을 사로잡았고, 브라질로 떠나기 전 그녀에게 커피나무를 부탁하여 이별의 꽃다발 속에 커피나무를 숨겨 들여오기에 성공한다. 마치 우리 문익점 선생님의 목화씨 이야기처럼 친숙한 이야기다.

커피 농장에서 본 커피 생산 현장

커피 생산량 세계 1위, 커피 소비량 세계 2위

밀반입된 커피나무는 팔레타 대위의 고향인 파라(Pará) 지역에 심어졌다. 나무가 브라질 땅에 첫 뿌리를 내린 지 약 100년 만에 브라질은 전 세계 커피의 3분의 1을 생산하며 커피 생산량 1위의 자리를 차지했다.

브라질은 커피 생산량뿐만 아니라 소비량도 상당한 것으로 유명하다. 전 세계에서 미국 다음으로 커피를 많이 소비하는 브라질 사람들은 에스프레소 한 잔으로 아침을 시작한다. 아침 식사를 아침 커피라는 뜻을 가진 '카페 다 마냐(Café da manhã)'라고 일컬을 정도다. 하지만 이렇게나 커피를 좋아하는 이들은 주로 에스프레소나 카페라테를 즐겨 마시며 아이스커피 종류는 거의 찾지 않는다. 땀이 뻘뻘 나는 더운 날씨에도 그렇다. 때문에 상파울루 같이 세계적인 프렌차이즈 카페가 있는 대도시가 아닌 보통의 도시에서는 아이스 아메리카노를 맛보기 힘들다. 수요와 공급이 모두 없다. 그래서 나는 어느 카페를 가든 뜨거운 에스프레소만 마시거나 커피와 함께 별도로 얼음물을 시켜 더위를 견뎌야 했다. 점점 아이스커피에 대한 갈증은 나날이 깊어만 갔고 나는 결심했다. 인천 공항에 도착하자마자 아이스 아메리카노를 가장 먼저 마실 것을.

Special.

오루프레투 1 Day 추천 코스

오전

① 치라덴치스 광장(Praça Tiradentes)

미나스제라이스주의 독립운동을 이끌었던 치라덴치스가 처형된 곳으로 광장에는 치라덴치스의 동상이 높이 세워져 있다. 주요 축제나 이벤트가 열리는 등 도시의 중심이 되는 곳이며, 많은 이들이 이 광장을 기점으로 시내 관광을 시작한다.

② 인콘피덴시아 박물관(Museu da Inconfidência)

원래 옛 도시의 정부 청사 건물이었으나 포르투갈로부터의 독립을 주장했던 인콘피덴시아 미네이라 운동을 기념하여 1944년 박물관으로 탈바꿈하였다. 박물관 안에는 당시 시대 상황 설명과 함께 독립운동 관련 주요 서류와 물건들이 있으며, 18세기와 19세기의 각종 예술품들 및 포르투갈 스타일의 가구 등도 전시되어 있다.

③ 상프란시스쿠 지 아시스 성당(Igreja de São Francisco de Assis)

바로크 양식의 건축물과 로코코 스타일의 장식들이 돋보이는 성당이다. 브라질 식민지 시대의 유명 예술가인 안토니우 프란시스쿠의 대표 건축물이며, 그의 책임 하에 조각, 그림 등이 완벽하게 조화를 이루며 설계되었기에 다른 성당들과는 달리 이례적으로 통일성을 갖추고 있다. 성당은 브라질 바로크-로코코 양식의 대표 화가인 메스트레 아타이지의 천장 벽화가 특히 유명한데, 거대한 크기의 천장 한가운데에서 물라토(mulato, 흑인과 백인의 혼혈)인 성모 마리아가 천사들에게 둘러싸여 빛을 발산하고 있는 모습이 인상적이다.

점심 식사

④ 콘토스 지 헤이스(Contos de Réis) 레스토랑

점심에만 운영하는 뷔페 레스토랑이다. 미나스제라이스 지역 전통 음식이 많아 잘 모르는 음식들도 한꺼번에 맛볼 수 있다. 한쪽에는 후식으로 지역에서 가장 유명한 미나스 치즈와 디저트 등도 놓여 있다. 물론 모두 맛도 좋고 가격도 적당하다.

오후

⑤ 노사 세뇨라 두 필라르 성당(Basílica de Nossa Senhora do Pilar)

미나스제라이스주에서 가장 부유하다고 알려진 성당들 중 하나다. 내부가 400킬로그램 이상의 금장식으로 이루어져 당시 오루프레투의 부를 집약적으로 보여준다. 브라질에서 바로크 양식 건축물을 제대로 볼 수 있는 대표적인 장소다.

⑥ 광산 체험 투어

오루프레투를 비롯한 근방에서는 금 광산 투어를 통해 당시 화려했던 브라질 황금기가 어떻게 이루어졌는지 체험할 수 있다. 대부분 브라질 황금기 시대 상황 설명과 더불어 광산 안으로 들어가 당시 작업이 어떤 형식으로 진행되었는지 직접 확인해볼 수 있다. 광산 내부에서 열차를 탑승 하는 등의 세부 내용은 광산에 따라 다르다.

저녁 식사

⑦ 카사 두 오비도르(Casa do Ouvidor) 레스토랑, 베네 다 플라우타(Bené da Flauta) 레스토랑

두 레스토랑 모두 브라질 현지 블로거들이 입을 모아 칭찬한 미나스 전통 음식 레스토랑이다. 미나스 지역 음식은 콩 요리가 특히 유명하며 향신료가 강하다는 특징이 있으니 참고하여 취향에 따라 메뉴를 선택하면 된다.

PLUS

이뇨칭, 중남미에서 가장 큰 야외 미술관

여유가 된다면 근교에 있는 이뇨칭(Inhotim)도 가보자. 이뇨칭은 식물원이 함께 조성되어 있는 140헥타르 넓이의 야외 미술관이다. 오루프레투에서 105킬로미터, 벨로오리존치에서 60킬로미터가량 떨어져 있다. 미술관에는 약 5,000종의 다양한 식물들로 아름답게 꾸며져 있는 여러 정원들과 더불어 야외에 설

치된 수십 개의 작품들 그리고 23개의 미술관 건물 안에 있는 작품들까지 총 500여 개의 예술품들이 있어 이곳을 보기 위해서는 이동 시간 포함 하루의 시간을 모두 투자해야 한다.

이뇨칭에서 필수템은 지도다. 규모가 엄청나고 복잡하여 길을 잃기 쉽기 때문이다. 미술관은 방문자들이 지도를 보고 보다 편하게 다닐 수 있도록 코스를 노란색, 주황색, 분홍색 세 가지 라인으로 구분해 놓았으며, 추가 비용을 지불하면 미술관의 일부 코스는 카트를 타고 이동할 수도 있도록 만들었다. 이곳에서만 볼 수 있는 독특한 디자인의 나무 벤치들과 카페, 레스토랑 등이 코스 곳곳에 있어 중간중간 쉴 수 있다.

브라질을 포함한 전 세계 작가들의 미술품 외 식물원과 23개로 구성된 미술관 건물들 자체 또한 작품인 이뇨칭, 중남미에서 가장 큰 야외 미술관에서 특별한 경험을 할 수 있기를 바란다.

자유로워라,
플로리아노폴리스

– 플로리아노폴리스 01

우리가 7월과 8월 사이에 여름휴가를 가장 많이 떠나는 것처럼 브라질 사람들도 이곳의 한여름인 12월과 1월 사이에 휴가를 제일 많이 떠난다. 대부분 크리스마스를 가족과 함께 보내기 위해 고향으로 돌아가거나 여름의 연말 파티를 즐기기 위해 여행을 간다. 연말이 다가오자 친구들은 각자 연말 휴가 겸 여름휴가를 준비하기 바빴고, 만나는 사람들은 모두 "연말에 어디 가세요?"라는 질문을 달고 다녔다. 우리 또한 한여름의 크리스마스를 처음 맞이하는 사람들로서 가만히 있을 수 없었다. 남반구에서 여름을 맞이하는 기분은 과연 색달랐다.

브라질 남쪽에 있는 섬, 플로리아노폴리스(Florianópolis)는 대서양으로 둘러싸여 있어 이루 셀 수 없을 정도로 많은 해변이 있는 것으로 유명하다. 우리는 남반구의 크리스마스를 플로리아노폴리스의 해변에서 즐기기 위해 떠났다. 플로리아노폴리스에 도착하자마자 만난 우버 기사 아저씨는 섬을 찾은 관광

(위) 주레레 해변 (중간) 캄페셰 해변 (아래) 몰리 해변

객을 태워 기분이 좋아 보였다. 플로리아노폴리스는 처음이냐는 질문을 던진 후 끊임없이 섬 자랑을 늘어놓았다. 이곳에는 해변이 많고, 다 예뻐서 어딜 추천할 수가 없을 정도며, 굴이 맛있으니 꼭 먹으라고 했다. 도착하자마자 섬 주민에게 섬 자랑을 들으니 이곳으로 휴가를 오길 잘했다는 생각에 괜히 입꼬리가 올라갔다.

크리스마스 시즌을 맞아 사람들은 뜨거운 햇빛 아래 푸른 바다와 빛나는 파도를 배경으로 수영복을 입고 새빨간 산타 모자를 쓰고 다녔다. 한여름에 보내는 바다에서의 크리스마스라니, 아마존에서 평생을 살던 사람이 화이트 크리스마스를 보내는 것만큼이나 설레는 현실이 눈앞에 있었다. 12월 25일에 수영복을 입고 바다에 뛰어들고 있는 내 모습이 너무나도 비현실적이었다. 이곳에 오길 잘했다. 만족스러웠다.

섬에서는 동서남북 어디에서든 해변을 만날 수 있기 때문에 각기 다른 매력을 가진 모래사장을 찾아다니는 재미가 있었다. 우리는 섬에 머무는 동안 크리스마스이브에는 북쪽 해변으로, 크리스마스 당일에는 남쪽 해변으로, 그다음 날에는 동쪽 해변으로 휴양을 다녔다. 하지만 이곳은 교통 체증이 심하기 때문에 이동이 꽤 번거롭다. 우리는 택시 아저씨가 열변을 토했던 섬의 매력을 모두 보고 싶어 곳곳을 힘겹게 다녔지만, 만약 시간을 아끼고 싶다면 섬의 북쪽이나 남동쪽 중 신중하게 숙소의 위치를 정한 후 근처 해변으로만 집중하여 다니는 것이 좋겠다.

브라질 사람들은 새해에 새 옷을 입는다

브라질에는 바닷가가 있는 도시에서 새해를 맞이하는 이들이 많다. 한여름이라 연말 휴가를 해변에서 시원하게 보내고 싶어서이기도 하지만, 해를 넘기며 바다 위에서 펼쳐지는 큰 불꽃 축제 구경도 하고 바다와 관련된 새해맞이 의식을 치르기 위해서이기도 하다. 사면이 바다로 둘러싸여 있는 플로리아노폴리스도 리우데자네이루, 살바도르와 더불어 브라질의 유명 새해맞이 축제 장소 중 한 곳이다.

12월 31일, 브라질 사람들은 새 옷을 입고 밖을 나선다. 새 옷을 입고 새해를 맞이하면 새로운 길을 걷게 된다는 미신이 있기 때문이다. 옷도 색깔별로 의미가 다른데 브라질 사람들이 가장 많이 사 입는 옷은 흰색 옷이다. 이들은 새 흰옷을 입고 자정을 넘기면 새해에 평화와 함께 좋은 기운이 찾아온다고 믿는다. 꽃길을 걸을 수 있다는 믿음이 있는 것이다. 이때 브라질 전 지역에서는 한 해를 보내고 새해맞이 축제가 열린다. 12월 31일이 자정이 가까워지면 하늘 위를 수놓는 불꽃놀이를 보기 위해 수많은 이들이 흰옷을 차려입고 나온다.

브라질에서 새해에 흰옷을 사 입는 건 굉장히 오래된 풍습이다. 때문에 이곳에서 연말에 쇼핑몰에 가면 흰옷이 유난히 많이 전시되어 있는 것을 볼 수 있다. 그만큼 12월 31일에 입을 새 옷을 구매하는 사람들이 많은 것이다. 흰옷뿐만 아니라 다른 색의 옷을 입기도 한다. 색깔별로 의미하는 바가 달라 사람들은 그 의미에 맞춰 옷을 입는다. 노란색 옷을 입으면 금전 운이, 빨간색 옷을 입으면 사랑 운이 강력해진다는 미신이 있다. 물론 새 옷이어야 한다. 마찬가지로 속옷도 모두 새것을 입는다. 흰옷을 입을 경우 속옷은 색깔 있는 것으로 입는 경우가 많으며, 바라는 바에 따라 색을 골라 사 입는다.

리우데자네이루나 플로리아노폴리스 등 바닷가 근처에서는 파도를 7번 뛰어넘는 풍습이 있다. 이는 파도를 뛰어넘으면 새해에 어려움을 극복할 힘을 얻을 수 있다는 미신에서 시작되었다. 사람들은 파도에 꽃을 흘려보내기도 하는데, 이것은 바다의 여신, 예만자(Yemanja)에게 새해의 소망을 빌며 바치는 풍습이다. 작은 배 위에 꽃과 향수, 거울 등의 선물을 실어 바다로 흘려보내는 이 풍습은 아프리카 토속 신앙과 문화에서 비롯되었다.

이렇듯 브라질에는 의외로 새해와 관련된 풍습이 많다. 식재료와 관련된 풍습도 있는데, 많은 브라질 사람들이 새해를 맞이하여 렌틸콩을 먹거나 석류 씨를 먹는다. 렌틸콩은 운을 불러오고, 석류는 풍부한 씨를 품고 있어 부를 부른다는 미신이 있기 때문이다. 7개의 석류 씨를 씹지 않고 먹은 후 그 씨앗을 지갑에 넣고 1월 6일까지 보관하면 새해에 부와 번영이 찾아온다고 믿는다.

알고 다니자 : 플로리아노폴리스

플로리파(Floripa)라는 별칭을 갖고 있는 플로리아노폴리스는 브라질 남쪽에 있는 섬으로 브라질인들이 가장 많이 찾는 휴양지 중 하나다. 마법같이 아름다워 매직 아일랜드라고도 불리는 이 섬은 브라질 최대의 현수교인 에르실리오 루스(Hercílio Luz) 다리로 대륙과 연결되어 있어 항공편이나 배편뿐만 아니라 차편으로도 찾아갈 수 있다.

플로리아노폴리스는 아르헨티나와 국경이 맞닿아 있는 산타카타리나(Santa Catarina)주의 주도다. 1777년 2월 스페인이 점령하며 포르투갈과 스페인 간 영토 분쟁이 일어났던 곳이었으나 같은 해 10월 산토일데퐁소(Santo Ildefonso) 협약으로 스페인이 포르투갈에게 되돌려주며 오늘날 브라질의 영토가 되었다.

당시 포르투갈과 스페인 이민자들이 다수 유입되었으며, 이후 유럽과 유사한 기후 등의 이유로 인해 독일, 오스트리아, 이탈리아 등에서 온 유럽 이민자들이 정착하며 플로리아노폴리스 근교에 남미 최대의 독일 마을로 유명한 블루메나우(Blumenau), 포메로지(Pomerode) 등이 세워졌다.

생애 첫 누드 비치의 경험

- 플로리아노폴리스 02

플로리아노폴리스에는 가기 힘든 해변들이 많다. 특히, 갈레타(Galheta) 해변은 몰리(Mole) 해변에서 숲 속 좁은 길을 따라 트래킹을 한 후에야 발견할 수 있을 정도로 깊숙이 숨어 있다. 접근하기 어려운 곳에 있어서 그런지 갈레타 해변은 누드 비치이고, 성소수자들이 많이 찾는다. 섬의 동쪽, 몰리 해변에서 놀던 중 문득 이곳에서 도보 30분 거리에 있다는 갈레타 해변에 대한 호기심이 생겼다. 태어나서 처음으로 누드 비치라는 곳에 가보기로 했다.

가는 길은 물에 젖은 이들이 많이 다녀 미끄러웠다. 조리 슬리퍼를 신은 발로 좁고 미끄러운 길을 따라 열심히 걸었다. 걸을수록 옆의 해변과는 완전히 다른 분위기의 해변이 점점 눈에 들어왔다. 시야가 선명해지는 순간 나는 이 길을 더 가야 할지 말아야 할지 고민했다. 짐작은 했지만 막상 당황스러운 장면들이 눈앞에 펼쳐지니 어떻게 반응해야 할지 알 수 없었다. 잠시 멈춰 선 내 뒤로 사람들이 오는 소리가 들려오자 나는 쿨한 척을 하고 앞으로 향하기로 했다. 여기는 그런 곳이니까.

갈레타 해변에서 내가 자리를 잡은 곳 옆에는 주요 부위를 가려주는 옷마저 벗어던지고 기타를 치며 즐거워하는 한 무리가 있었다. 다른 쪽에는 꽉 끼는 핫핑크 삼각 수영복을 입은 남성과 애정 행각을 하고 있는 또 다른 남성이 있었다. 생소한 장면에 놀랐던 나는 시간이 지나며 그들에 익숙해졌다. 그들이 남들을 전혀 신경 쓰지 않는다는 것을 깨닫자 나 또한 시선에서 자유로워졌다.

나는 남들에게 어떻게 보일지가 중요한 사람이었다. 좋은 모습만 보이고 싶어 SNS에 괜히 자랑하는 듯한 사진만 올렸고, 누군가를 만나기 전에는 가볍게라도 꼭 화장을 해야 했다. 내 행동의 기준은 대부분 다른 사람의 시선이었다. 그런 나에게 브라질은 신기한 곳이었다. 해변이 없는 내륙 도시임에도 마트에서 수영복만 입고 돌아다니는 사람이 있었고, 어떤 이는 노브라로 당당하게 길거리를 활보했다. 아무도 그들이 어떻게 하고 다니건 신경 쓰지 않았으며 그들도 누군가의 시선을 전혀 두려워하지 않았다. 힐끗 쳐다보는 사람은 오로지 나 하나뿐이었다.

플로리아노폴리스의 누드 비치에서는 언제나 쫓아오는 것 같던 시선이 느껴지지 않았다. 브라질에 거주하며 점차 해소되는 듯했던 시선의 압박이 이곳에서는 아예 사라졌다. 나는 자유로웠다. 그럼에도 나는 끝까지 수영복을 벗지 못했다. 고무적인 성과라면 '절대 안 돼'에서 '언젠가는'으로 생각이 바뀌었다는 것.

갈레타 해변

Special.

플로리아노폴리스 추천 코스

※ 하루에 모든 해변을 가기는 힘들다. 북부 해변, 남부 해변, 동부 해변 중 하루에 하나씩만 골라서 가길 권장한다.

① 북부 해변: 주레레(Jurerê) 해변, 잉글레세스(Ingleses) 해변 등

섬의 북쪽에 있는 해변들은 파도가 잔잔하고 물이 깊지 않아 가족과 함께 평화로운 휴양을 즐기려는 관광객들이 주로 찾는다. 남쪽 해변들에 비해 비교적 모래사장이 평탄하고 물이 더 따뜻하여 바닷가에서 오랜 시간을 보내기에 제격이다. 플로리아노폴리스 북부의 대표 해변인 주레레 해변은 현지인들이 주로 찾는 주레레 트라디시오날(Jurerê Tradicional) 해변과 휴양 관광지로 본격 개발된 주레레 인테르나시오날(Jurerê Internacional) 해변으로 나뉘는데, 여행객들이 주로 찾는 인테르나시오날 해변은 주변에 고급 주택, 레스토랑, 리조트 등이 깔끔하게 조성되어 있어 번잡하지 않고 여유롭다.

② 남부 해변: 캄페셰(Campeche) 해변, 캄페셰 섬 등

남쪽 해변들은 북쪽에 비해 자연환경이 잘 보존되어 있는 반면, 관광지로써는 개발이 덜 되어있어 트래킹을 하거나 배를 타야 갈 수 있는 숨어 있는 해변들이 많다. 캄페셰 해변에서 1.5킬로미터 떨어져 있는 캄페셰 섬이 대표적이다. 캄페셰 해변이나 바하다라고아(Barra da Lagoa), 알마상(Armação)해변 중 한 곳에서 배를 타야만 찾아갈 수 있는 캄페셰 섬은 매일 방문 가능한 인원의 수를 770명(성수기에는 800명)으로 제한함으로써 다른 해변에서는 찾아볼 수 없는 고유한 아름다움을 보호하며 유지한다.

③ 동부 해변: 몰리 해변, 갈례타 해변 등

거친 파도로 유명한 섬의 동부 지역에는 서핑 보드를 타고 바다 위를 누비는 이들과 해변 옆 산 위에서 패러글라이딩을 타고 하늘을 나는 이들을 흔히 볼 수 있다. 다양한 액티비티를 즐기는 사람들로 인해 언제나 생동감이 느껴진다. 하지만 물이 매우 차가우며 파도가 높고 강해 노약자나 어린아이들에게는 위험할 수 있기 때문에 이들과 함께 한다면 주의를 기울여야 하는 곳이기도 하다. 동쪽 해변들은 남쪽 해변들과 마찬가지로 접근성이 떨어지는 해변들이 많다.

④ 콘세이상(Conceição) 호수

잔잔하게 치는 파도와 고운 모래 때문에 이곳이 호수인지 해변인지 헷갈리지만, 수평선 대신 지평선이 보이는 15제곱킬로미터 규모의 콘세이상 호수는 해변과는 또 다른 안정감과 평화로움을 느끼게 해준다. 호숫가를 중심으로 숙박 시설과 음식점, 상점 등이 가득한 번화가가 형성되어 있다. 동부 해변들과도 가까워 여행객들이 유난히 많다. 모후다라고아(Morro da Lagoa) 전망대에서는 산과 바다가 호수를 중심으로 어우러져 있는 아름다운 풍경을 구경할 수 있다.

산호초의 도시, 헤시피

- 헤시피 01

헤시피(Recife) 여행 날짜를 잡았다고 하면 주변 지인들은 미리 짜기라도 한 듯 하나같이 헤시피 근교에 있는 포르투지갈리냐스(Porto de Galinhas)를 꼭 가보라고 했다. 전에는 보지 못한 환상적인 전경이 펼쳐질 거란다. 수많은 이들의 추천을 받자 어느새 헤시피에서 그곳을 가는 것은 마치 리우를 갔으면 예수상을 들려야 하는 것처럼 당연하게 여겨졌다. 그렇게 우리는 2박 3일의 짧은 일정에도 불구하고 하루 날을 잡아 포르투지갈리냐스에 다녀오게 되었다.

헤시피에서 한 시간 가량 차를 타고 도착한 마을의 온 거리에는 닭 조형물들이 관광객들을 반갑게 맞이하고 있었다. 포르투지갈리냐스라는 마을의 이름은 "닭들의 항구"라는 뜻을 갖고 있지만, 좋은 의미는 아니었기 때문에 닭을 마을의 마스코트로 삼아 그 조형물들을 곳곳에 설치했다는 사실이 놀라웠다. 본래 다른 이름이었던 마을은 브라질에 노예제가 폐지

(위) 포르투지갈리냐스 입구 (아래) 스노클링을 위해 이용하는 뗏목 투어

된 이후 불법 노예무역꾼들이 사람들의 눈을 피해 시골 마을인 이곳으로 아프리카에서 닭을 수입하는 것처럼 꾸며 불법 노예들을 닭 상자 아래에 숨겨 데려왔다고 하여 지금의 이름으로 불리기 시작했다고 한다. 몰래 데려온 노예들을 팔 때도 "노예"라는 단어를 "닭"이라고 바꿔 말하며 조심했다. 그렇게 노예들의 항구라는 의미가 숨겨진 닭들의 항구라는 이름이 탄생했다.

거리를 걷는데 마을의 투어 여행사 직원들이 자꾸 양 옆에서 말을 건다. 포르투지갈리냐스에서 해야 할 유명 투어라며 뗏목 투어나 스노클링과 스쿠버다이빙 투어 그리고 부기 투어 등에 대한 정보를 쉴 새 없이 주입시킨다. 어차피 이 지역의 명물로 자연적으로 형성된 천연 수영장을 만나기 위해서는 뗏목을 이용해서 가야 한다는 말에 결국 우리도 뗏목을 타고 나가 스노클링을 하는 투어를 해보기로 했다. 뗏목을 타고 바다로 나가는 것도 처음이었고 따뜻하고 얕은 바닷물 속에서 스노클링을 하며 아름다운 열대어들을 보는 것도 처음이었다. 이 모든 것들은 한 시간이라는 시간제한이 있는 것이 아쉬울 정도로 즐거웠다. 우리를 천연 수영장까지 태워간 아저씨는 스노클링을 할 때 함께 바다 안으로 들어와 물고기 밥을 뿌려 형형색색으로 빛나는 물고기들을 불러 모은 후 함께 사진을 찍어주기도 했다.

물에서 놀다가 지치면 뗏목 위로 올라와 바다를 구경했다.

투명하리만치 맑은 바닷물이 불법 노예무역의 온상지였던 과거는 잊은 듯 따사로운 햇빛을 받으며 평화롭게 출렁거린다. 마냥 아름다워 보이지만 아픈 역사가 도시 이름에 낙인처럼 새겨져 있는 곳. 그러나 이곳은 내가 본 브라질의 바다 중 가장 아름다웠다.

헤시피와 바다

시간이 지난 지금, 헤시피를 떠올리면 생각나는 것은 단연 바다다. 포르투지갈리냐스뿐만 아니라 헤시피는 근교에 칼네이로스(Carneiros), 칼레타스(Calhetas) 등 휴양지로 유명한 해변들이 있다. 도시 안에도 보아비아젱(Boa Viagem)이라는 해변이 있다. 그러나 헤시피 일대는 상어가 출몰하는 지역이기 때문에 암초 바깥에서 수영하거나 해양 스포츠를 하는 것은 자제할 것을 권고하고 있어 우리는 해변을 따라 구경하며 걷기만 했을 뿐 즐기지는 못했다. 그래서 더욱더 아름답다고 소문난 북동부의 해안을 즐겨볼 마음에 포르투지갈리냐스로 향했던 것이다.

과거 헤시피는 포르투갈과 네덜란드의 식민지였다. 특히, 근교의 올린다(Olinda)와 함께 헤시피는 네덜란드의 영향을 유

(위) 올린다 거리 (아래) 올린다 Sé 성당과 닭 조형물

독 많이 받아 브라질 내에서는 보기 드문 정취를 품고 있다. 그와는 별개로 사람들은 헤시피를 브라질의 베네치아라고 부른다. 도시 내에 수많은 섬들과 섬들 사이를 잇는 수십 개의 다리가 놓여 있는 것이 베네치아와 비슷하다는 이유에서다. 베네치아도 가본 적이 있는데 내 생각엔 베네치아와 헤시피는 분위기가 많이 다르지 않나 싶다.

헤시피는 역사가 깊어 볼거리가 많다. 헤시피 구시가지의 봉제수스(Bom Jesus) 거리에는 대륙에서 가장 오래된 유대교 회당이 있고 근처에 성당과 박물관 등이 몰려 있어 가볼 곳이 풍성하다. 뿐만 아니라, 헤시피는 올린다와 함께 브라질에서 성대한 카니발을 개최하는 것으로도 유명하다. 1995년에는 브라질 내 거리 카니발 중 가장 규모가 큰 것으로 기네스북에 이름을 올렸다.

히우브랑쿠 광장(마르코 제로)의 조형물

알고 다니자 : 헤시피

헤시피는 사탕수수 생산 및 무역으로 성장한 항구도시다. 도시는 과거 네덜란드에 점령당했던 24년간 최고의 호황기를 누렸다. 1630년 설탕 산업에 관심이 많던 네덜란드가 헤시피를 포함한 브라질의 북동부 지역 일부를 점령했다. 당시 네덜란드는 페르남부쿠(Pernambuco), 히우그란지두노르치(Rio Grande do Norte), 파라이바(Paraíba)를 통치하였으며, 브라질 내 점령 지역을 신新네덜란드로 명명하고 헤시피를 수도로 정했다. 네덜란드는 총독을 파견하고 다리를 세우며 건물을 건설하는 등 이곳을 정비했다. 또한, 자국의 무역망을 이용하여 이곳의 사탕수수 산업을 더욱 성장시켰다. 이곳은 당시 브라질 최고의 상업 중심지로 발전했다.

페르남부쿠주의 주도인 헤시피에는 수많은 섬들이 있다. 그리고 그 사이에는 베베리베(Beberibe)강과 카피바리베(Capibaribe)강이 대서양을 향해 흐르고 있다.

축구에 미친 사람들과 함께

- 헤시피 02

집에 있으면 여기저기서 갑작스레 함성 소리가 들려올 때가 있다. 사람들이 축구 경기를 보던 중 흥분해서 내는 소리다. 거리에서는 폭죽도 터진다. 그럴 때는 어김없이 브라질 대표팀이나 브라질 프로 축구 경기가 있는 날이다. 특히, 브라질 프로 축구팀의 양대 산맥인 리우데자네이루의 플라멩고나 상파울루의 코린치안스의 경기가 있는 날은 사방 곳곳에서 흘러나오는 소리가 유독 커진다. 물론 브라질 국가대표팀의 경기는 말할 것도 없다. 사람들은 경기 시작 한참 전부터 모여 열띤 마음으로 응원하고, 끝나고서도 폭죽을 터뜨리며 오랫동안 여운을 즐긴다.

브라질의 축구 열기는 "마라카낭의 비극"으로도 잘 알려져 있다. 1950년 브라질 월드컵 당시 리우데자네이루의 마라카낭 경기장에서 브라질이 우루과이에게 2대 1로 역전패를 당하자 경기장 내의 관중 수십 명이 실신하고, 자살을 시도했으며, 심장마비로 두어 명이 숨졌던 사건이다. 브라질 내 축구 열기를 가히 짐작할 수 있는 어마어마한 사건이었다.

마침 브라질에 사는 동안 2018년 러시아 월드컵, 2019년 브라질 코파아메리카가 열려 브라질 사람들의 축구에 대한 관심과 애정을 실제로 확인할 수 있었다. 지켜보니 이들에게 월드컵은 하나의 축제였다. 월드컵 시즌이 오자 온 거리와 건물들은 브라질 국기로 꾸며져 있었고 음식점과 바에서는 대형 TV를 설치했다. 경기가 시작하기 몇 주 전부터 사람들은 브라질 대표팀의 축구 유니폼을 입고 집이나 차 유리창에 국기를 꽂고 다녔다. 그렇게 모두가 한마음으로 경기를 기다리며 지켜보았다.

헤시피 여행 마지막 날, 그날은 브라질의 러시아 월드컵 16강전 경기 당일이었다. 경기는 오전 열한 시 시작 예정이어서 경기 전 헤시피 시내를 둘러보고자 서둘러 숙소를 나왔다. 그런데 헤시피 구시가지의 성당, 미술관 등 내가 보고 싶었던 모든 곳들은 다 닫혀 있었다. 심지어 길이 막혀 진입이 불가능한 길도 있었다. 월요일 오전 아홉 시, 닫힌 건물들 앞에서 우리는 망연자실했는데, 브라질 국가대표팀 유니폼을 입은 채 국기를 온몸에 두른 사람들이 어딘가로 향하는 것이 보였다. 어차피 관광은 못할 것 같고 궁금한 마음에 이들을 따라 가보았다. 도착한 곳은 헤시피에서 길거리 응원을 하는 장소였다. 거리에는 혹시 모를 불상사에 대비해 수많은 경찰들이 서 있었고 응원 장소로 들어가기 위해서는 철저한 몸수색을 거쳐야 했다. 우리도 이들과 함께 브라질 거리 응원을 체험해볼까 했지만 줄이 너무 길었고, 다들 흥분 상태라 혹여나 브라질이 지면 어떡하나 걱정도 되어 그냥 근처 술집으로 발길을 돌렸다.

나와 브라질의 연결 고리

아침이었는데도 불구하고 술집은 이미 사람들로 가득 차 있었다. 간신히 자리를 찾아 앉은 우리에게 웨이터는 친절하게도 브라질 우승 기원 이벤트로 맥주를 반값으로 할인하고 있다고 알려줬다. 그 말을 듣고 주변을 둘러보니 이미 많은 사람들이 술에 취해 있는 것이 보였다. 마치 어느 축제 현장에 온 기분이었다. 우리나라 경기도 아니지만 괜히 주변에 동화되어 들뜬 마음으로 사람들과 함께 브라질-멕시코전을 관전했다. 브라질이 골을 넣으면 모두가 자리에서 벌떡 일어나 모르는 사람들과도 하이파이브를 하며 즐거워했다. 그렇게 브라질이 1점을 가져가며 전반전이 끝났다. 하프타임이 오자 바에서는 흥겨운 음악을 틀었고 사람들은 춤을 추었다. 사실 나는 경기보다도 이런 사람들을 지켜보는 게 더 재밌었다. 후반전도 끝이 나고 브라질이 2대 0으로 승리하며 경기가 끝나자 헤시피에서는 진짜 축제

2018년 러시아 월드컵 브라질 16강전 경기가 열리던 날 모습

가 시작되었다. 평일 대낮부터 거리에는 시끄러운 음악과 흥과 술에 취한 사람들뿐이었다.

내가 한국에서 왔다고 하면 브라질 사람들은 다른 무엇보다 "2002년 월드컵 때 브라질이 우승했던 곳"을 가장 먼저 떠올린다. 별 연결 고리가 없어 보이는데 한국에서 브라질이 우승했다는 사실만으로 사람들은 한국인들에게 친절해진다. 또한, 이들은 2014년 독일에게 7대 1로 패배하는 수모를 당했던 때를 아직도 기억하고 있었다. 점심시간, 한 음식점에서 2018년 러시아 월드컵 한국-독일전을 보고 있었다. 브라질 경기도 아니었고 한국인은 나 하나뿐이어서 아무도 관심을 주지 않을 줄 알았는데 옆에는 어느새 브라질 사람들이 다가와 있었다. 이들은 나와 함께 한국을 응원하고 있었고, 골을 넣으면 마치 브라질이 골을 넣은 듯 함께 소리를 지르며 기뻐했다. 경기가 끝나자 한국이 독일을 이겨줘서 속이 후련하다며 나에게 감사하단다. 이들은 무엇이든 축구와 연결지어 기억하고 그 기억에 따라 행동했다. 축구를 정말로 사랑하는 민족이 아닐 수 없다.

Special.

헤시피 2 Days 추천 코스

Day 1

오전

① 포르투지갈리냐스

헤시피 남쪽으로 60킬로미터 떨어져 있는 작은 해변 도시다. 자연적으로 형성된 수영장과 아름다운 해변으로 유명한 포르투지갈리냐스를 제대로 즐기기 위해서는 썰물 시간에 맞춰가는 것이 중요하다. 바닷물이 빠질 때 천연 수영장이 드러나기 때문이다. 사전에 썰물 시간을 검색해보고 그에 맞춰 가보자. 지역 특유의 이동 수단인 뗏목(Jangada)을 타고 수영장까지 들어간 후 열대어들과 함께 바다를 마음껏 즐길 수 있을 것이다.

점심 식사

② 에스트렐라 다 마냐(Estrela da Manhã) 레스토랑

소고기 치즈 퓨레 등 독특한 음식부터 새우 튀김 등 익숙한 음식까지 다양하게 있는 작은 레스토랑이다. 물놀이 후 먹는 음식으로는 더할 나위 없고 가격까지 저렴하여 가볍게 찾아가기 좋다.

Day 2

오전

① 올린다

헤시피와 함께 과거 네덜란드에 점령되었던 소도시다. 식민지 시대의 건물들이 잘 보존되어 있어 1982년 유네스코 세계유산으로 지정되었다. 헤시피에서 북쪽으로 8킬로미터 떨어진 곳에 있으며, 네덜란드와 포르투갈 식민지풍의 건물들이 많다. 아기자기하고 예쁜 마을을 구경하며 가파른 언덕을 오르면 올린다부터 바다와 함께 멀리 떨어져 있는 헤시피의 풍경을 모두 감상할 수 있다.

오후

② 히우브랑쿠(Rio Branco) 광장

헤시피 항구 옆에 있는 메인 광장으로 마르코제로(Marco Zero)라고도 불린다. 헤시피 구시가지(Antigo Recife)에 있는 마르코제로는 다른 곳까지의 거리를 측정하는 기점으로 쓰였다. 맞은편 섬에는 프란시스쿠 브레낭드의 조각 공원이 있다. 공원 안에는 브레낭드가 제작한 90여 개의 조각들이 있으며 공원까지는 광장에서 배를 타고 이동해야 한다. 공원은 브라질 발견 500주년

기념으로 설립되었다. 히우브랑쿠 광장에서부터 헤시피의 구시가지를 걸어보자. 살바도르와 비슷하면서도 다른 느낌이 펼쳐진다.

③ 브레낭드 박물관(Ofinina Brennand)

헤시피 출신의 예술가 프란시스쿠 브레낭드 작품들을 모아 놓은 박물관이다. 정원과 전시 공간, 사원 등으로 구성된 15제곱킬로미터 규모의 박물관 안에는 그가 만든 2,000여 개의 작품이 있다. 조각뿐만 아니라 벽화, 그림, 도자기 등을 제작하였으며, 삶의 근원과 영원에 대한 주제를 집중적으로 다뤘다.

저녁 식사

⑤ 카마라다 카마랑(Camarada Camarão) 레스토랑

헤시피에서 시작한 해산물 식당으로 리우데자네이루 등 여러 도시에 지점을 낸 맛집이다. 웬만한 해산물은 다 맛있지만 그중에서도 무케카가 특히 맛있다.

아마존의 허브, 마나우스

- 마나우스 01

아마존 방문은 두 번째다. 10년 전 페루의 아마존 도시, 이키토스(Iquitos)를 여행했던 것에 이어 이번에는 브라질의 아마존 도시, 마나우스(Manaus)다. 이키토스처럼 인구 40만의 작은 마을을 상상하며 갔는데 막상 도착해서 본 마나우스는 인구 200만 명에 육박하는 대도시였다. 지구상 열대우림의 50퍼센트 이상을 차지하고 있는 아마존의 한가운데에 있는 도시라고는 믿기지 않을 만큼 규모가 컸다. 이곳에는 고무나무로 벌어들인 자본으로 세운 브라질 최초의 오페라극장이 있고, 자유무역지대로 지정된 후 들어선 약 900여 개의 공장들이 있다. 이러한 풍경 옆에는 보호구역으로 지정된 아마존 숲이 있다.

누구나 살면서 아마존이라는 이름은 들어봤을 것이다. 지구의 허파로써든 온라인 커머스 기업으로써든. 물론 나는 전자다. 어려서부터 지구상 가장 거대한 열대우림인 아마존 정글이 인류에게 얼마나 중요한지는 귀에 딱지가 내려앉을 때까지 들

(위) 아마존 가운데 위치한 마나우스 (아래) 오페라 극장 내부

었다. 모두에게 소중한 아마존은 브라질에게는 더욱 특별한 의미를 갖는다. 아마존이 자국 영토의 50퍼센트나 차지하고 있기 때문이다. 브라질은 해안가에 집중되어 있는 인구를 분산시키는 동시에 아마존 지역을 개발하기로 했다. 그 결과 아마존 한가운데에 세워진 마나우스는 자유무역지대로 지정되고 나서 거대해졌다. 마나우스는 현재 브라질에서 일곱 번째로 큰 도시다.

열대우림 한가운데에 있는 도시는 더웠다. 거리에서는 더위가 습기와 함께 목을 죄어왔다. 더위와 습기로 가득 찬 불쾌한 공기는 아마존에 머무는 내내 계속되었다. 그럼에도 마나우스의 아마조니아 박물관(MUSA, Museu da Amazônia) 전망대에서 나무가 빼곡히 들어차 있는 아마존 숲을 내려다보는 순간에는 가슴이 뻥 뚫린 듯한 해방감이 느껴졌다. 거대한 산소탱크를 마주하자 내 몸을 스쳐 지나가는 바람이 더 이상 덥지 않고 상쾌했다.

이색적이고 또 이색적인 아마존 투어

마나우스는 아마존의 도시답게 아마존 정글 투어가 가장 유명하다. 종류도 반나절부터 수일짜리 투어까지 다양하다. 우

(위) 마나우스의 상세바스치앙 광장 (아래) 아마조니아 박물관 전망대에서 본 아마존 숲

리는 여유 시간이 많지 않아서 오전에 시작해 점심 먹고 돌아오는 반나절 투어를 선택했다. 보트를 타고 아마존 강을 달리고, 보트에서 내린 후에는 아마존의 마스코트, 분홍돌고래와 함께 수영하는 시간이 있다고 했다. 분홍돌고래는 세계에서 유일하게 민물에 사는 돌고래다. 이런 희귀한 돌고래와 함께 수영한다고 하여 설렌 것도 잠시, 막상 가보니 수영은 너무 미끼 단어가 아니었나 싶다. 강 안에 들어가서 가이드가 돌고래 먹이를 던지면 다가오는 돌고래들을 가까이에서 구경하는 것이 다였기 때문이다.

돌고래 쇼가 끝나자 우리는 다시 배를 타고 이동했다. 이번에는 원주민 부족 마을이다. 브라질에는 약 300여 개의 원주민 부족들이 있다. 그중 70개 부족들은 여전히 외부와 단절한 채 철저히 고립되어 살고 있다고 한다. 우리가 마나우스에서 방문한 원주민 부족은 배를 타고 가야만 만나볼 수 있을 정도로 고립된 장소에 있으나 경제활동을 위해 외부 관광객들을 받아들이는 지사나 투카나(Dessana Tukana) 부족이다. 보자마자 든 생각은 '내가 생각했던 그대로의 원주민 모습이네'였다. 남자들은 인디언 모자를 쓰고 천으로 주요 부위만을 가리고 있었으며 여자들은 짚으로 치마를 만들어 입고 있었다. 양쪽 모두 얼굴에 붉은 페인트를 칠하고 있었다. 페인트 그림은 힘, 자연과의 연결, 용기 등을 의미한다고 한다. 관광객들이 자리에 앉자

(위) 핑크 돌고래와 수영 (중간) 아마존 투어 중 원주민 부족의 환영 의식 (아래) 솔리모에스 강과 네그루 강이 만나는 곳

원주민들은 악기를 연주하고 춤을 추며 우리를 향한 환영 의식을 보여줬다. 곧이어 그들은 우리도 함께 춤을 춰야 한다며 같이 의식에 참여하자고 했고, 우리는 리듬에 맞춰 함께 손을 잡고 춤을 췄다. 의식이 끝나자 자유 시간이 주어졌다. 오두막 한쪽에서는 직접 만든 수공예품을 전시하여 팔고 있었다. 투어 일행들은 자연스레 물건을 샀다. 원주민 부족이 사는 오두막에서 나와서는 투어의 마지막 코스인 '물이 만나는 지점(Encontro das Águas)'으로 향했다. 물이 만나는 지점은 마나우스에서 꼭 보아야 할 곳 중 하나다. 이곳은 흙색인 솔리모에스(Solimoes)강과 검은색의 네그루(Negro)강이 합쳐지는 곳인데 독특하게도 물색이 섞이지 않고 선명히 구분된다. 극명한 색의 차이가 보이는 '물이 만나는 지점'은 6킬로미터에 달한다. 신기해하는 우리를 향해 가이드는 두 강의 수압, 유속, 온도 등이 달라 이런 현상이 나타난다고 알려주었다.

도시 내에서도 즐길 거리는 많다. 마나우스 서쪽의 네그루강 유역에는 백사장이 있어 마치 해변에 온 것처럼 쉴 수도 있고 박물관이나 아마존 극장(Teatro Amazonas) 등 주요 관광지를 돌아다닐 수도 있다. 또한 아마존 강에서 서식하는 자라키, 탐바키, 피라루쿠 등 다양한 생선 요리들과 투쿠마 아이스크림, 쿠푸아쿠 무스 등 독특한 열대 과일 디저트도 맛볼 수 있다. 아마존 최대 도시에서 즐길 수 있는 이 경험은 이색적이고 또 이색적이다.

알고 다니자 : 마나우스

아마존 밀림은 페루, 콜롬비아, 베네수엘라 등 남미의 8개국에 걸쳐 있는데 그중 60퍼센트가 브라질에 속해 있다. 마나우스는 아마조니아(Amazonas)주의 주도로 아마존강의 지류인 네그루강 좌측 연안에 위치한 브라질 아마존의 거점 도시다. 정글 한가운데에 세워진 마나우스는 고무 무역으로 아마존의 경제 및 문화 중심지로 성장해왔다. 1967년에는 브라질의 자유무역지대로 지정되며 삼성, LG, 코카콜라, 혼다 등 다국적 기업과 협력업체를 비롯한 수많은 공장들이 들어섰고 대도시로 발전했다.

적도에 가까운 열대우림 안의 도시인만큼 마나우스의 날씨는 연중 내내 매우 덥고 습하다. 때문에 여름과 겨울의 구분은 기온이 아닌 강수량으로 구분하는데, 여름에 비가 더 많이 온다.

브라질에는 신기한 동물도 많다

– 마나우스 02

우리가 갔던 마나우스의 호텔 안에는 놀랍게도 동물원이 있었다. 아마도 아마존을 찾으며 야생동물을 볼 수 있을 것이라 궁금해하는 이들의 기대를 조금이나마 충족시켜 다른 호텔과 차별화하기 위해 만든 것이 아닐까 싶다. 우리가 머물던 방은 동물원과 가까웠다. 새벽부터 잠결에 들리는 목청 큰 앵무새 소리에 미니 동물원이라는 곳을 가봐야겠다고 마음을 먹었다. 호텔은 동물원 입구에 아마존 재규어를 배치해두어 방문객들을 단순한 호텔 내의 동물원이 아닌 정글의 세계로 끌어들였다. 강렬한 첫인상이었다. 호텔 안에 동물이 있으면 얼마나 있겠어, 새 몇 마리 정도 있겠지, 하며 들어섰는데 미니 동물원은 내가 생각했던 미니 동물원이 아니었다.

아마존에는 전 세계의 3분의 1에 해당하는 생명체가 살고 있다고 한다. 나는 그래서 이곳에 투어를 하러 갔을 때 나무늘보나 아마존에서만 서식하는 독특한 색의 새 같은 야생동물들을 우연히 볼 수 있지 않을까 기대했었다. 하지만 페루에서와 마찬가지로 브라질의 아마존 투어 또한 관광객들의 안전이 확보된 겉핥기식 코스로만 진행되었고 안타깝게도 내가 원했던 만남은 이루어지지 않았다.

투어 중에 만났던 야생동물도 있긴 있었다. 분홍돌고래와 한 원주민 부족 마을에서 발견한 아라라 새였다. 하지만 중남미의 열대우림에 서식하는 대형 앵무새과의 조류인 아라라는 이미 브라질에 살면서 자주 봤으며, 아마존 유역에 서식하는 분홍돌고래 또한 10년 전에 갔던 투어에서도 봤기 때문에 처음 보는 동물은 아니었다. 분홍돌고래를 구경하는 일정은 아마존의 어느 지역에서든 투어에 포함되어 있나 보다. 물론 페루 이키토스에서는 멀찍이서 구경만 했지만 이곳에서는 가까이에서 구경할 수 있긴 했다. 분홍돌고래는 언뜻 보면 일반 돌고래 같지만 자세히 보면 회색과 분홍색이 섞여 있다. 특히, 배 쪽에 유독 분홍빛이 몰려 있어서 돌고래가 물 위로 높이 뛰면 분홍색을 확연히 볼 수 있다.

세상은 넓고 아직 모르는 게 많아

나는 브라질에 거주하며 수많은 동물들을 만났다. 집 앞을 걷다가 도마뱀이나 올빼미, 독수리 등을 보는 일은 매우 흔했고, 근처 공원에서는 공작이나 콰치가 다니는 것도 심심치 않게 보았다. 그중 가장 인상 깊었던 동물은 카피바라(남미 설치류)와 투카노(남미 왕부리새류)다. 둘 다 생전 처음 보는 동물이었는데 하나같이 귀여워서 장식품을 볼 때마다 사 모을 정도로 빠지게 되었다. 카피바라는 세계에서 가장 큰 설치류인데 수영을 할 줄 알고 물을 좋아한다. 브라질리아의 호숫가에서 무리를 지어 풀을 뜯어먹고 있는 카피바라들을 처음 발견했을 때는 내 눈을 의심했었다. 세 살 아이만 한 몸집에 짱구처럼 통통한 볼과 일자 눈을 가진 독특하면서도 귀여운 외양이었기 때문이다. 투카노는 노란색과 주황색이 섞인 밝은 원색의 큰 부리를 지니고 있는 새다. 강렬하면서도 신비한 색깔의 투카노는 주변의 많은 지인들이 공원 등에서 봤다고 알려줬으나 안타깝게도 나는 한 번도 만날 수 없었다. 할 수 없이 동물원에 찾아가 보는 것으로 만족해야 했다.

브라질에는 세상에 존재하는지조차 몰랐던 동물들이 있고 알 수 없는 이름의 식물들이 넘쳐난다. 그리고 이런 것들을 신기하게 쳐다보는 나 자신을 발견할 때마다 새삼 깨닫는다. 세상은 넓고 나는 아직 너무도 배울 것이 많다는 것을.

브라질에서 만난 다양한 동물들. 카피바라, 투카노, 콰치.

Special.

마나우스 1 Day 추천 코스

오전

① 아마존 반나절 투어(점심 포함)

지구상에서 유일하게 민물에 사는 돌고래인 분홍돌고래와, 아마존 강의 본류인 솔리모에스강과 지류인 네그루강이 선명히 구분되는 '물이 만나는 지점'을 구경하며, 아마존 원주민 인디오의 문화를 체험하는 투어다. 선상에서의 점심 식사도 포함되어 있다.

오후

② 아마조니아 박물관

아마조니아 박물관은 마나우스 열대우림 보호구역 안에 조성되어 있다. 내부에는 식물원과 수족관이 있어 아마존에서 서식하는 아사이 야자수 등의 다양한 나무 종과 피라루쿠 등의 아마존에 사는 민물고기들의 실제 생김새를 볼 수도 있다. 무엇보다 이곳에서 놓치지 말아야 할 것은 42미터의 전망대 위에서 보는 숲의 경관이다. 엘리베이터가 없어 242개의 계단을 밟고 탑 위로 올라가야 하지만 그 위에서 내려다보는 열대우림은 아주 인상적이다.

③ 아마존 극장

1896년 브라질 최초로 건설된 오페라극장인 아마존 극장은 마나우스에서 가장 유명한 관광지다. 노란색, 녹색, 푸른색의 타일 36,000장으로 구성된 극장 돔은 단번에 브라질의 국기를 떠올리게 하며 도시의 상징이 되었다. 설립 당시 유럽의 파리처럼 마나우스가 문화 중심지로 발전할 수 있을 만한 건축물을 세우는 것이 목적이었다고 한다. 단순 방문뿐만 아니라 가이드를 동반한 투어도 가능하며, 다양한 공연을 약 700명이 수용 가능한 공연장에서 직접 감상할 수도 있다.

저녁 식사

④ 카시리 마나우스(Caxiri Manaus) 레스토랑

아마존 극장 바로 옆에 있는 식당이다. 좁은 계단으로 올라가면 보이는 깔끔하고 예쁜 인테리어가 돋보이는 식당으로, 탐바키 등 아마존에서 나는 생선으로 만든 음식을 마음껏 즐길 수 있다. 특히 애피타이저로 타피오카 스틱은 꼭 먹어야 한다.

너와 함께 하는 세상

우리는 여행하듯 삶을 살고,
살면서 또 여행을 떠난다.

너와 동행하는 여행이 익숙해지고
함께 사는 세상이 당연해진다.

홀로 있던 세계에서
너와 함께 걷는 법을 배운다.

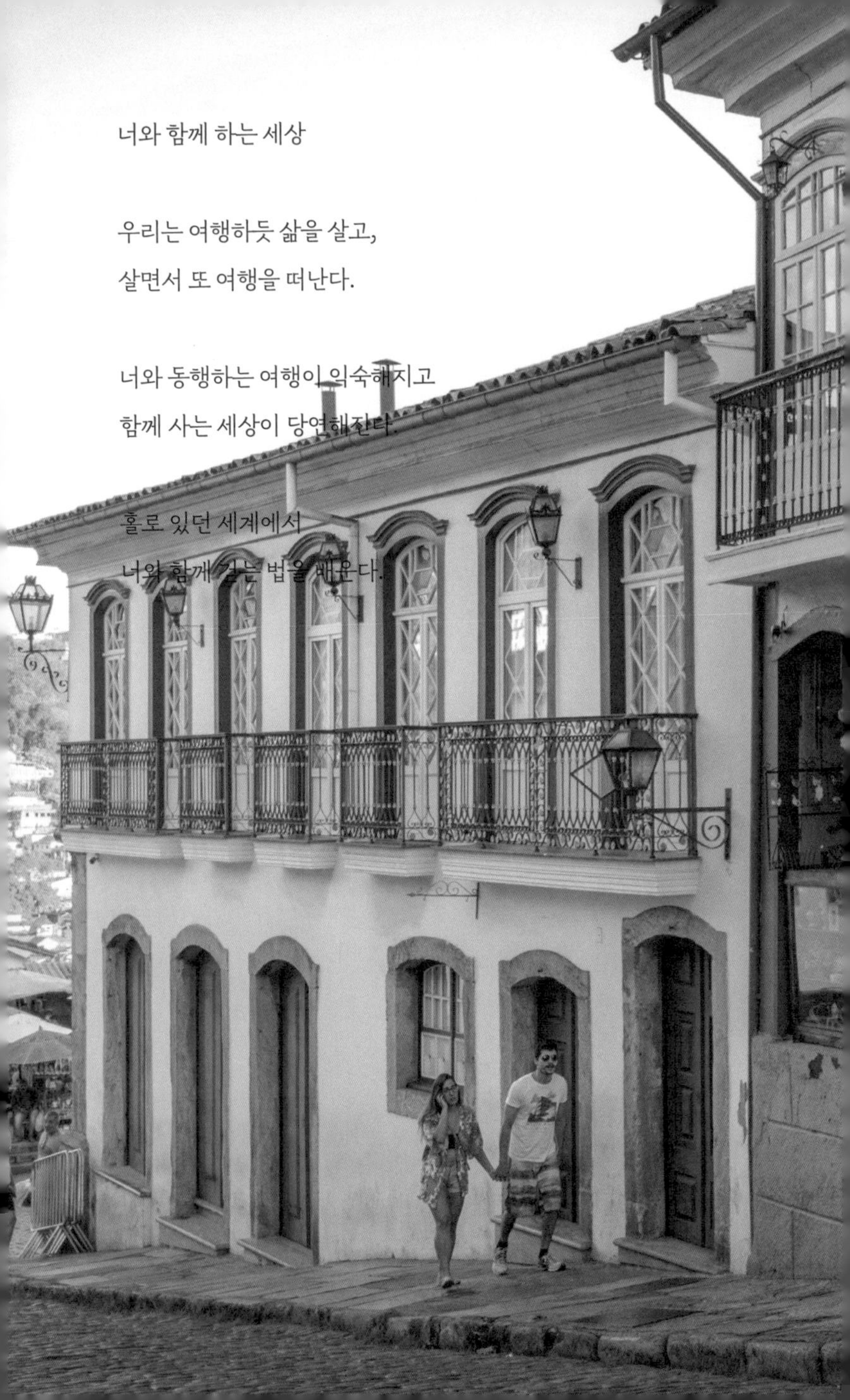

식민지 시대의 모습이 고스란히 남아 있는 오르프레투

Chapter 6.

놀라긴 일러요 브라질이니까

브라질리언 왁싱

브라질에서 처음 간 국내 여행은 리우데자네이루였다. 나는 이 여행에서 브라질의 첫 해변을 만났고 첫 번째 문화충격을 겪었다. 브라질의 해변은 언뜻 보기에 다른 국가의 해변과 별 차이가 없는 것 같다. 백사장과 함께 알록달록 펼쳐져 있는 파라솔, 그 아래에서 선탠을 하는 사람들과 그 사이로 음료와 간식거리를 팔며 돌아다니는 장사꾼들. 바다에는 파도를 즐기는 사람들이 있고 한편에는 비치발리볼을 하는 사람들도 있다. 태양은 뜨겁고 사람들의 옷차림은 가볍다. 여느 해변과 같은 풍경이다.

파라솔을 빌려 짐을 풀고 누웠다. 이곳이 바로 그 유명한 코파카바나구나. 감격하며 해변에서 노는 사람들을 바라보다가 문득 낯선 점을 발견했다. 어라, 수영복이 다르다. 브라질 여성들은 일반적인 비키니보다 훨씬 작은 비키니를 입고 있었다.

코파카바나 해변

주요 부위만 겨우 가리는 사이즈였다. 놀라서 주변을 둘러보니 나만 빼고 모두가 손바닥만 한 비키니를 입고 있었다.

브라질에서는 티팬티나 그런 스타일의 비키니를 '치실(Fio Dental)'이라고 부른다. 엉덩이가 다 드러나도록 뒷부분이 끈으로만 이어져 있는 모양이 치실 같아 붙여진 이름이다. 나이나 몸매와 상관없이 모든 이들이 이런 비키니를 입고 있다. 민망했던 것도 잠시, 그 안에 있자니 한국에서 샀던 비키니를 입고 있는 내가 너무나도 촌스러워 보였다. 동시에 브라질리언 왁싱이 세계적으로 유명한 이유를 깨달았다.

남다른 비키니를 입고 있는 브라질 여성들은 또 다시 수영복을 사기 위해 두리번거린다. 해변에는 리어카를 개조하거나 비키니를 매달아 우산처럼 들고 다니는 사람들이 있다. 원래 비키니를 이렇게 음료 팔듯 팔았던가? 손님들은 모두가 훤히 보고 있는 해변 한가운데에서 자기가 입고 있는 비키니 위에 새 수영복을 겹쳐 입으며 사이즈를 재보고 있었다.

대학 시절, 어학 연수를 하러 스페인과 호주에 갔었다. 나는 바다를 좋아해서 해변이 있는 도시에서 살았고 휴양지도 많이 다녀서 해변은 꽤 많이 경험해보았다고 생각했다. 그런 내가 새삼 해변에 와서 놀라다니. 그런데 브라질의 해변은 달랐다. 이들과 섞이기 위해 나도 브라질에서 새 비키니를 사야 했고, 필연적으로 왁싱샵까지 들러야 했다.

(위) 코파카바나 해변을 따라 늘어선 야자수
(아래) 비키니를 파는 상인

가정부를 위한 엘리베이터

가정부 문화에 익숙하지 않은 내가 브라질에서 가정부를 만났다. 하루 종일 집안 곳곳을 청소하고 빨래와 다림질까지 하는 그녀가 받는 비용은 약 4만 원. 일주일에 한 번씩 찾아오는 그녀 덕분에 내 삶은 더욱 윤택해졌다. 고맙고도 미안한 마음에 그녀가 오기 전에는 고양이 화장실을 먼저 치우는 등 먼저 간단히 정리를 해두었고, 그녀가 도착하면 항상 과일과 커피를 대접했다. 고용인이라기보다 손님 같아서였다.

한번은 그런 나에게 그녀가 말했다.

"더 청소했으면 하는 것이 있으면 마음껏 말해줘."

용기를 내어 혹시 고양이 화장실 청소도 해줄 수 있는지 조심스레 물었다. 그녀는 더 주문하는 게 고작 그거냐며 한국인들은 참 친절한 것 같단다.

브라질에서는 가정부를 고용하는 것이 매우 일반적이다. 그래서인지 대부분의 집에는 가정부 전용 방과 화장실이 별도로 있다. 처음 집을 구하고 부엌 쪽에 있는 작은 방과 화장실이 가정부용인 줄 상상조차 못했던 나는 이 작은 아파트에 다용도실도 있다고 기뻐했다. 그리고 그 공간을 우리 집 고양이들을 위한 방과 화장실로 만들어버렸다.

그녀가 우리 집에 처음 온 날, 오자마자 부엌 쪽으로 들어간 그녀는 곧 당황해하며 거실로 나와 질문을 던졌다.

"화장실은 어디를 써야 해?"

내가 부엌 쪽의 작은 화장실에 고양이 화장실 두 개를 놓아버린 탓이었다. 당시 나는 바로 보이는 거실에 화장실이 있는데 왜 이런 것을 물어보는지 의아했지만 아무 화장실이나 쓰라고 대답했다.

브라질 대부분의 집이나 아파트에는 가정부 전용 방과 화장실 그리고 그녀들을 위한 별도의 현관문과 엘리베이터까지 있다. 가정부 전용 현관문은 거의 집 부엌 뒤쪽에 붙어 있고 방과 화장실 또한 비슷한 위치에 있다. 내가 다용도실인줄 알았던 방은 가정부들 방이었고, 고양이 화장실을 놓아둔 작은 화장실은 가정부 전용 화장실이었다. 이뿐만이 아니다. 화물용인 줄 알았던 엘리베이터 하나는 원래 가정부들이 타도록 만든 것이란다. 건물에 들어오면서부터 집으로 들어오는 길과 그 안까지 집주인과 가정부의 공간을 완벽하게 분리해놓은 것이다.

한번은 엘리베이터를 타고 1층으로 내려가는 길이었다. 엘리베이터는 3층에서 한번 섰다. 열린 문 앞에는 한 흑인 언니가 내려가는 엘리베이터를 기다리고 있었다. 하지만 멈춰선 몇 초간 그분은 가만히 서서 들어오질 않았다. 안 타느냐고 물어보자 멋쩍어하며 답한다.

"난 옆 엘리베이터 타면 돼."

집 안의 가정부용 방 등은 노예제에서 비롯된 분리 문화의 잔재이고 이제는 별 의미가 없는 것이라고 생각했었는데, 차별과 분리는 여전히 진행 중이었다.

축제를 즐길 줄 아는 사람들

브라질에서 맞이하는 첫 번째 카니발이 다가오며 거리에서는 음악 소리가 들려왔다. 올해 카니발 기간은 분명 3월 첫째 주라고 했는데 이상하게도 사람들은 2월 초부터 흥분 상태였다. 벌써 카니발을 시작한 듯한 모습에 내가 기간을 잘못 알았나 싶었는데 알고 보니 사전 카니발(Pré-carnaval) 행사를 하는 중이란다. 지정된 축제 기간이 별도로 있는데도 한 달 전부터 축제를 시작하는 것은 무슨 경우일까?

삼바 학교 학생들이 퍼레이드 경연을 하는 리우의 카니발이 가장 유명해서 많은 이들이 리우에만 카니발이 있는 줄 알지만 사실 카니발은 브라질 전 지역에서 열린다. 그리고 이는 대부분 거리에서 모두가 즐기는 카니발 축제인 '블로쿠' 형태로 이뤄진다. 흥에 겨운 사람들은 카니발 기간 훨씬 전부터 곳곳에서 길거리 카니발인 블로쿠를 시작한다. 일주일의 카니발 기간이 끝나고 나서도 마찬가지다. 분명 공식적인 축제 기간은 끝났으나 거리의 축제는 몇 주나 더 이어진다.

전 세계에 가장 많이 알려진 브라질의 대표적인 축제는 카니발이지만 브라질인들이 가장 사랑하는 축제는 6월의 축제, 페스타 주니나(Festa Junina)다. 페스타 주니나는 본래 유럽에서 하지 축제와 기독교 문화가 접목되어 열리던 행사로 식민지 시대에 포르투갈에서 이곳으로 전해졌다. 가톨릭 성인(聖人)인 성 안토니오, 성 요한, 성 베드로를 기리는 종교적인 행사와 더불어 브라질에서는 한 해의 수확이 끝난 시기라는 점 때문에 추수감사 축제로 재해석되었다. 6월에 열리는 축제이기 때문에 페스타 주니나라고 불린다는 설이 지배적인데 성 요한의 포르투갈어인 상 주앙(São João)이라는 이름에서 유래되었다는 설도 있다. 축제는 지역 특색에 따라 조금씩 다르게 진행되며, 브라질의 북동부 지역에서 열리는 페스타 주니나가 가장 전통적이면서 화려하기로 유명하다. 이 축제의 가장 큰 특징은 농촌 지역의 의상으로 분장을 하고 갓 수확한 옥수수로 만든 음식을 먹으며 축제를 즐긴다는 점이다. 카니발이 주로 젊은 층이 즐기는 축제라면 6월의 축제는 가족 모두가 즐기는 행사다.

나는 6월의 축제가 한창인 시기에 브라질의 북동부 지역인 마라냥주를 방문했다. 거리는 작은 깃발들로 꾸며져 있었고, 사람들은 시골의 농부 흉내를 내며 얼굴에 주근깨를 찍고 밀짚모자를 쓰고 체크무늬 옷을 입고 있었다. 브라질리아에서 축제

(위) 페스타 주니나 기간 깃발로 꾸며진 거리 풍경
(중간) 카니발 기간의 마트 (아래) 길거리 카니발 모습

가 열린다는 장소를 찾아가본 적은 있지만, 이렇게 거리에서까지 축제를 즐기고 다니는 모습들은 처음 보았다.

페스타 주니나는 6월 한 달 내내 열린다. 그리고 축제는 5월 중순부터 시작하여 7월 중순까지 계속된다. 정확히 6월에 시작하긴 아쉬우니 조금 더 일찍 시작하고, 6월 말에 끝내긴 흥이 덜 풀렸으니 7월까지 이어지는 것이다. 카니발도 그렇더니 페스타 주니나도 실제로 즐기는 기간은 더욱 길다. 축제가 있으면 기본이 한 달이고 그 앞뒤로도 더 즐겨야 한다니, 진정 노는 것을 좋아하는 사람들이다.

놀라지 말아요, 브라질이니까

새로운 문화에 놀랐고, 신선한 답답함에 당황했으며, 생소한 환경에 감동도 받았다. 한국과 브라질의 여러 차이는 신기했고, 나는 그 간극에 점점 익숙해졌다.

이곳에서는 집에 들어갈 때 경비 아저씨가 없으면 건물 안으로 들어갈 수 없다. 아파트 공동 현관문은 경비 아저씨만 열 수 있게 되어 있기 때문이다. 거주자가 갖고 있는 열쇠는 오로지 자기 집 현관문 열쇠뿐이다. 1층의 공동 현관문은 열쇠도 없고 번호키도 없다. 문을 열 방법은 아파트 문 입구를 지키고 있는 경비 아저씨에게 얼굴을 확인시켜주는 것뿐이다. 그래서 경비실은 새벽이든 늦은 밤이든 언제나 사람이 지키고 있다. 브라질리아에서 우리 집을 포함해 내가 가본 모든 아파트는 이런 식이었으며, 리우데자네이루에서 에어비앤비로 빌렸던 아파트도 똑같은 시스템이었다. 치안이 좋지 않다고 유명한 나라기 때문에 이렇게 철저히 얼굴을 확인하고 문을 열어주는 방식이라

주민들이 안심하고 집에 머물 수 있다. 처음에는 내 집인데 누군가를 통하지 않으면 들어갈 수도 없다는 사실에 당황했다. 하지만 얼굴만 보고도 경비 아저씨가 알아서 문을 열어주니 마치 자동문 같아 편리하기도 했다.

집에 들어가면서 놀라는 포인트는 이뿐만이 아니다. 아파트에는 브라질 사람들이 일을 안 한다는 편견을 깨부수며 볼 때마다 청소하고 계시는 분들이 있다. 로비, 현관문 앞, 계단, 복도 등 닦지 않는 곳이 없다. 재밌는 사실은 이들이 너무나도 열심히 일하기 때문에 정작 주민들은 그 시설을 사용하기가 어렵다는 것이다. 계단은 언제나 청소 중이어서 계단을 이용하려다가도 엘리베이터를 타게 된다. 로비는 볼 때마다 물청소 중이어서 젖어 있는 구간을 밟지 않도록 돌아서 걸어간다. 사람들이 이용할 수 없는 그림의 떡은 그렇게 날이 갈수록 빛이 난다. 브라질에서 가장 좋은 점 중 하나는 어디든 이렇게 청소하시는 분들이 있어 대부분의 장소가 깨끗하다는 것이다. 어디에서 화장실을 가더라도 실패할 확률이 거의 없다. 멈추지 않고 청소에 열중하시는 분들 덕에 일반 레스토랑 등은 물론 사람들이 많이 모이는 관광지의 화장실마저 깨끗이 관리가 되어 있다. 휴지도 언제나 풍부하다. 상상했던 것과는 다른 의외의 모습이었다.

브라질에서는 지상의 무료 주차장에서도 놀랄 일이 계속

(위) 브라질리아의 일몰 명소 돔 보스코 공원 (아래) 국회의사당 야경

생긴다. 분명 별도로 주차료를 받는 곳이 없는 무료 주차장인데, 그곳에는 항상 누군가 고정적으로 자리를 지키며 돈을 받는다. 그들은 차가 나타나면 한쪽에서 손을 들어 주차 자리를 알려준다던가, 주차장에서 차를 뺄 때 뒤를 봐준다던가 하는 등의 서비스를 제공한다. 그런 경우, 원한 것은 아니었지만 어쨌든 그들이 나름 나를 위해 일을 해줬는데 돈을 안 주기도 뭐한 상황이 된다. 이런 식으로 돈을 버는 이들을 '플라넬리냐(Flanelinha)'라고 한다. 돈을 주는 것이 의무도 아니고, 주지 않는다고 해서 크게 해코지를 하는 것도 아니지만, 대부분의 사람들은 주차장에서 차를 찾아 나갈 때 옆에 와서 열심히 손짓을 해주는 이들에게 잔돈을 건네준다. 무료 주차장인데 무료 주차장이 아니다.

시간이 지나며 낯선 나라에서의 놀라움은 친숙함으로 바뀌었다. 건물 안으로 들어서며 문을 열어준 수위 아저씨와 눈을 마주치고 감사 인사를 전하는 것이 일상이 되었다. 화장실이 혹여나 더러울까 걱정하지 않고 들어가는 것도 당연해졌으며, 주차장에서 플라넬리냐를 마주칠 경우를 대비해 차에 동전을 모으는 일에도 익숙해졌다. 한국에서 온 이방인은 브라질이라는 나라에 점차 동화되었고 유연해졌다. 이제 앞으로 어딘가에서 또 다른 놀라운 무언가와 마주해도 '그럴 수도 있지' 하며 넘길 수 있을 것만 같다.

왕복 60시간의 거리에서

"이 공항이 아니에요. 잘못 찾아오셨네요."

브라질을 떠나기 전 마지막으로 아르헨티나 여행을 다녀왔다. 부에노스아이레스(Buenos Aires)에서 아르헨티나 국내선 비행기를 타려고 새벽 4시부터 출발하여 공항에 왔는데 잘못 찾아왔단다. 암담했지만 간절한 마음으로 원래의 공항을 찾아 다시 부지런히 이동했고 출발 15분 전 기적적으로 무사히 도착했다. 다행히 부칠 짐은 없었고 온라인으로 체크인을 마친 상태였다. 차에서 내리자마자 검색대를 통과하고 게이트까지 열심히 달리던 중 아슬아슬하던 내 캐리어의 바퀴 하나가 결국 떨어져나갔다. 이 상황이 기가 차서 울고 싶었고 따뜻한 우리 집으로 어서 돌아가고 싶었다. 당연하게도 생각난 집은 고양이 두 마리가 기다리는 브라질리아의 집이었다.

2년이라는 시간은 브라질에 정을 붙이기에 충분했다. 오히려 한국에서 살던 시간이 꿈이 아니었을까 싶을 정도로 나는 이곳에서의 삶에 잘 적응했다. 시간은 빠르게 흘렀고 우리는 다시 귀국 비행기표를 끊었다. 고양이 두 마리의 표와 함께. 이제 진짜 집으로 돌아가야 할 시간이 왔다. 정든 곳을 떠나야 한다는 아쉬움과 드디어 해외에서의 서러웠던 시간이 끝났다는 기쁜 마음이 연달아 교차했다.

브라질은 수도인 브라질리아를 기준으로 한국과 정확히 12시간의 시차가 있다. 한국이 오전 아홉 시일 때 이곳은 오후 아홉 시이고 한국이 오후 여섯 시일 때 이곳은 오전 여섯 시다. 한국과 공식적인 업무 시간이 단 1초도 겹치지 않는다. 밤낮이 완벽하게 뒤바뀐 곳, 그런 곳이 바로 브라질이다. 이렇게 시차조차 180도 반대인 브라질에서는 한국까지 오고 가는 것조차 어렵다. 12시간의 시차, 왕복 60시간의 거리 그리고 그 거리에 비례하는 금전적인 문제까지 있기 때문이다.

브라질에서는 먹고 싶은 음식을 먹지 못하는 것도, 편의점이 없는 것도, 외국인이라는 이유로 사기를 당하는 것도 서러웠지만, 무엇보다 사랑하는 사람들을 보지 못하고 또 기쁘고 슬픈 일에 함께하지 못한다는 사실이 가장 서글펐다. 왕복 60시간의 거리에 산다는 것은 그런 것이었다. 회갑이 되신 아버지께 직접 축하를 전할 수도 없었고, 지인들의 결혼식에도 참석할 수 없었으며, 외할머니와 친한 친구 어머님의 빈소도 갈 수 없었다. 외할머니는 내가 한국으로 돌아가기 4개월 전 돌아가

셨다. 머나먼 타지에서 할머니를 기억하고 한국에 있을 때 더 자주 찾아뵙지 못했던 것을 후회했고, 떠나시는 길마저 함께 하지 못하는 것이 죄송했다. 브라질에서 나는 자유와 배움을 얻었지만, 직접 소중한 사람들을 축하해주거나 떠나보낼 기회를 놓쳤다. 그렇게 무언가를 얻으면 무언가를 잃어버린다는 사실을 절감했다.

보고 싶은 사람들을 만날 수 있는 시간이 다가온다. 그리고 또 그만큼 소중한 어떤 것을 잃어버리겠지. 이제는 놓쳐버리는 것을 아파하지 않고 흘려보낼 수 있기를 바라며, 그렇게 조금은 성숙해졌기를 바라며. 안녕 브라질.

2년의 시간을 뒤로 하고 한국으로

나를 사랑하는 시간

새로운 곳을 눈으로 담으며,
이곳에 온 나를 칭찬한다.

낯선 곳의 느린 리듬을 만끽하며,
지쳤던 일상을 달랜다.

다시 지치는 순간이 오더라도
지금의 행복을 기억해줘.

파라노아 호수의 일몰 풍경

Epilogue.

긴 여행의 마침표

나는 아직도 '동화'나 '작가'라는 단어를 들으면 가슴이 설렌다. 어린 시절의 향수였다고 생각했는데 낯선 곳에서 바라보니, 내가 이루지 못했던 꿈을 계속 동경하고 있었나보다. 브라질에 와서야 '작가'라는 단어에 설렜던 이유를 깨달았다. 동화작가가 내 어렸을 적 꿈이었었지, 참.

잊고 있던 꿈을 떠올리자 이상하게도 지금껏 아무렇지 않았던 손이 놀라운 순간을 맞이할 때마다 근질거렸다. 동시에 브라질로 오기 전 현지 정보를 찾기 위해 고군분투했던 내 모습이 떠올랐다. 그래서 순수함이 필요한 동화 대신 순수했던 시절로 돌아가보고자 브라질에 대한 글을 무작정 써보았다. 나는 그곳에서 보고 겪은 것들과 느낀 것들을 기록으로 남겼고, 생전 처음으로 "작가님"이라는 호칭을 들었다. 가슴이 두근거렸다.

현실에서 잠시 떠나 있으면서 잊고 있었던 꿈을 좇았고, 나는 구름 위로 둥둥 떠다녔다. 글을 쓰는 작업은 생각보다 더욱 신이 났고 즐거웠다. 그러는 동안 내 회사 동기들은 모두 과장으로 승진을 했다. 나도 계속 내 자리를 지키고 있었더라면, 하는 아쉬움이 들지 않았다면 물론 거짓말이다. 하지만 진심으로 난 괜찮다고 생각한다. 잠시 쉬어가는 동안 내가 품어왔던 꿈을 다시 발견했으니까.

영영 오지 않을 것만 같던 2년이 지났고 예정되어 있던 작별의 시간이 다가왔다. 여름 나라에서 다시 겨울 나라로 돌아갈 때가 되니 새는 유난히도 밝게 지저귀고 매번 잽싸게 사라지던 도마뱀은 보라는 듯 천천히 지나간다. 집 앞에는 몇 달간 공사 중이던 카페가 드디어 오픈을 앞두고 있다. 집과 가깝고 인테리어도 예뻐 보여서 오픈하기만을 기다렸던 곳인데 하필 개업 날이 내가 한국으로 떠나는 바로 전날이다.

이곳에 다시 올 수 있을까?

새롭게 안정된 생활이 아스라이 사라지고 있다. 브라질에서는 시간이 느리게 갔는데, 사이사이의 시간이 끊긴 듯 날짜는 쏜살같이 지나 어느새 떠나는 날이 코앞이다. 마음이 조급

해졌다. 떠나기 전까지 이곳에서의 기억들을 조금이라도 더 오래 간직하기 위해 이미 보았던 곳들도 또 두 눈으로 직접 담아야 했고 먹었던 것들도 다시 맛보아야 했다. 그렇게 나는 출국 전 그 어느 때보다도 바쁜 일주일을 보냈다.

작별은 항상 어렵다. 2년간 일주일에 한 번씩 하루도 빼놓지 않고 우리 집에 온 가정부 언니에게도, 하루에도 몇 번씩 현관문을 열기 위해 얼굴을 마주한 수위 아저씨에게도, 고양이가 차 위로 떨어지는 바람에 친해진 3층의 차주 언니에게도 차마 안녕이라는 말이 끝내 입에서 떨어지지 않아 몇 번을 서로 얼싸안았다. 대단치는 않지만 일상에서 소소하게 쌓인 짧은 인연들과의 마지막 인사였다. 이들과는 내가 브라질리아에 또 오지 않는 이상 다시는 만날 수 없을 것 같아 가슴이 아팠다. 브라질에서 사귄 친구들과도 작별 인사를 나눴다. 내 브라질 일상의 낙이었던 친구들과 더 이상 전처럼 만나고 싶을 때 만날 수 없다는 사실이 못내 아쉬웠다. 그들과 헤어져야 한다는 게 사무치도록 섭섭했다. 그러나 이별의 시간은 찾아왔다. 우리는 분명 어딘가에서 또다시 볼 수 있을 거야, 담담한 척 서로를 위로했다.

브라질에서 지낸 2년은 몰랐던 나를 발견한 시간이었다. 백수가 꿈이었던 나는 막상 쉬어보니 백수가 체질이 아니라는 사실을 깨달았고, 생산적인 활동을 좋아하며 경제적 자립을 포기하지 못하는 사람이라는 것도 알게 되었다. 나는 누군가의 아내라는 타이틀에서 끝나는 것이 아니라 나의 이름을 잊지 않고 끊임없이 꿈을 꾸며 행동하고 살아가는 삶을 원했다.

마침내 이 기나긴 여행은 끝이 났고 나는 현실로 돌아왔다. 2년의 공백이 무색하게 아침 일찍 일어나 회사로 출근하는 삶은 익숙하기만 하다. 그래도 꿈을 꾸는 법을 배웠으니 일상을 살아가며 언젠가는 정말 동화를 쓸 수도 있겠지. 그렇게 다시 모험을 시작한다. 무료하기만 했던 내 삶이 생기로 가득 찬다.